Matthias Blazek

Die Grafschaft Schaumburg 1647–1977

Episoden und Quellensynthese

STUDIEN ZUR NIEDERSÄCHSISCHEN LANDESGESCHICHTE

1   *Günter Gebhardt*
    Militärwesen, Verkehr und Wirtschaft in der Mitte des Kurfürstentums und
    Königreichs Hannover 1692-1866
    ISBN 978-3-8382-0184-9

2   *Matthias Blazek*
    Die Anfänge des Celler Landgestüts und des Celler Zuchthauses sowie
    weiterer Einrichtungen im Kurfürstentum und Königreich Hannover
    1692-1866
    ISBN 978-3-8382-0247-1

3   *Matthias Blazek*
    Die Grafschaft Schaumburg 1647-1977
    ISBN 978-3-8382-0257-0

Matthias Blazek

DIE GRAFSCHAFT SCHAUMBURG 1647–1977

Episoden und Quellensynthese

ibidem-Verlag
Stuttgart

Bibliografische Information der Deutschen Nationalbibliothek
Die Deutsche Nationalbibliothek verzeichnet diese Publikation in der Deutschen Nationalbibliografie; detaillierte bibliografische Daten sind im Internet über http://dnb.d-nb.de abrufbar.

Bibliographic information published by the Deutsche Nationalbibliothek
Die Deutsche Nationalbibliothek lists this publication in the Deutsche Nationalbibliografie; detailed bibliographic data are available in the Internet at http://dnb.d-nb.de.

Umschlaggestaltung, Bildbearbeitung und Satz: Matthias Blazek

Abbildung auf dem Umschlag: Erste Seite der „Historia Linthorstana" von Magister Anton Nothold (1569–1650) aus dem Jahre 1625 (Foto: Beckmann). Abdruck mit freundlicher Genehmigung.

Lektorat: Anne und Theodor Beckmann

∞

Gedruckt auf alterungsbeständigem, säurefreien Papier
Printed on acid-free paper

ISBN-13: 978-3-8382-0257-0

© *ibidem*-Verlag
Stuttgart 2011

Alle Rechte vorbehalten

Das Werk einschließlich aller seiner Teile ist urheberrechtlich geschützt. Jede Verwertung außerhalb der engen Grenzen des Urheberrechtsgesetzes ist ohne Zustimmung des Verlages unzulässig und strafbar. Dies gilt insbesondere für Vervielfältigungen, Übersetzungen, Mikroverfilmungen und elektronische Speicherformen sowie die Einspeicherung und Verarbeitung in elektronischen Systemen.

All rights reserved. No part of this publication may be reproduced, stored in or introduced into a retrieval system, or transmitted, in any form, or by any means (electronic, mechanical, photocopying, recording or otherwise) without the prior written permission of the publisher. Any person who does any unauthorized act in relation to this publication may be liable to criminal prosecution and civil claims for damages.

Printed in Germany

Landkreis Schaumburg

Heinz-Gerhard Schöttelndreier
Landrat

Geleitwort

330 Jahre lang, von 1647 bis 1977, war das Schaumburger Land gespalten. Der südliche Teil gehörte als Grafschaft zu Hessen, der nördliche blieb als Fürstentum eigenständig. Mehr als drei Jahrhunderte orientierte man sich zu unterschiedlichen Herrscherhäusern, sodass die Region sich unterschiedlich entwickelte.

Doch die Schaumburger Geschichte reicht viel weiter zurück – über 900 Jahre. So ist die Zeit der Teilung historisch betrachtet nur ein Bruchteil. Die Anfänge, die ersten Jahrhunderte, erste Gebietserweiterungen, Kämpfe und Aufbau haben die Menschen in ganz Schaumburg gemeinsam erlebt. Daher war es folgerichtig, die beiden Teile im Zuge der Kreis- und Gebietsreform wieder zu vereinen.

Auch das liegt mittlerweile über 30 Jahre zurück. Die Geschichte schreitet voran, seit damals entwickelt sich das Schaumburger Land wieder gemeinsam weiter – mit viel Erfolg. Traditionen und Bräuche verbinden die Region von Nord nach Süd, von West nach Ost. So hat sich, aller getrennten Historie zum Trotz, eine Gesamtschaumburger Identität herausgebildet.

Dennoch ist es wichtig, die Geschichte zu kennen. Denn nur so kann man Entwicklungen verstehen, Meinungen einordnen und die Zukunft gestalten. Das vorliegende Buch trägt dazu bei. Es arbeitet in Fünfzig-Jahres-Schritten die Jahre der Trennung aus Sicht der Grafschaft Schaumburg auf, geht aber auch zurück bis in die Entstehungszeit des Schaumburger Landes und beschreibt die Zeit seit der Gebietsreform. Humorvoll und spannend wirft es einen Blick auf Episoden und Quellen und bietet allen Interessierten einen Einblick in die wechselreiche Geschichte unserer Heimatregion. Es ist eine wichtige Ergänzung der bestehenden Forschung und daher eine empfehlenswerte Lektüre für alle Schaumburgerinnen und Schaumburger.

Ich wünsche den Leserinnen und Lesern viel Vergnügen beim Entdecken dieses Teils unserer Geschichte.

Stadthagen, im Januar 2010

H.-G. Schöttelndreier

Vorwort

Der „Landkreis Grafschaft Schaumburg" mit Sitz in Rinteln bestand von 1905 bis 1977. Vor 1905 trug er den Namen „Landkreis Rinteln". Sein Gebiet ging aus dem hessischen Teil der Grafschaft Schaumburg hervor und ist heute Teil des Landkreises Schaumburg.

Als am 15. November 1640 mit Graf Otto V. von Holstein-Schaumburg unter ungeklärten Umständen (nach einem Trinkgelage) der letzte männliche „Schaumburger" dieser Linie starb, begann ein siebenjähriger Erbstreit. Graf Philipp zu Lippe-Alverdissen erlangte durch Heirat mit einer hessischen Prinzessin die Unterstützung Hessens und bekam dadurch im „Westfälischen Frieden" nicht die Belehnung mit der ganzen Grafschaft, aber die Teilung (1647).

Er erhielt den nördlichen Teil, der südliche ging an Hessen. Die Universität Rinteln, die Weserzölle und die Kohlenbergwerke blieben gemeinsamer Besitz Hessens und Schaumburg-Lippes, wie der nördliche Teil fortan genannt wurde. Das Lippische Erbe, das den Namen Schaumburg dabei übernommen hat, bestand seit 1807 unter dem Namen Fürstentum Schaumburg-Lippe, die hessische Hälfte entlang der Weser und über das Auetal hinaus im Norden bis hinter Bad Nenndorf wurde zur Hessischen Grafschaft Schaumburg.

1821 kam dieser südliche Teil im Wesertal als Landkreis Grafschaft Schaumburg zur Provinz Niederhessen – er wurde „mediatisiert", wie die Historische Arbeitsgemeinschaft für Schaumburg feststellt. 1866 wurde er unter der Bezeichnung Landkreis Rinteln der preußischen Provinz Hessen-Nassau angeschlossen. 1905 erfolgte eine Namensänderung des Kreises in Landkreis Grafschaft Schaumburg. Im Preußischen Archiv – Sammlung der Gesetze und der das Rechtswesen betreffenden Verordnungen und Verfügungen Preußens und des Reiches, Band 12 (1905), verlautete auf Seite 381: „Seine Majestät der König haben mittels Allerhöchsten Erlasses vom 21. Juni 1905 auf meinen Antrag zu genehmigen geruht, daß dem Landkreise Rinteln im Regierungsbezirke Cassel die Bezeichnung „Kreis Grafschaft Schaumburg" beigelegt werde. HM. [Minister für Handel und Gewerbe] v. 14. August 1905." 1932 wurde er im Zuge eines Gebietsaustausches der preußischen Provinz Hannover angegliedert. Kreisstadt des Landkreises war Rinteln.

Im Zuge der niedersächsischen Kreisreform vom 1. August 1977 wurde der Landkreis mit dem Landkreis Schaumburg-Lippe verwaltungsmäßig wieder zusammengeführt und zum Landkreis Schaumburg mit der Kreisstadt Stadthagen verbunden. Die Stadt Hessisch Oldendorf wechselte in den Landkreis Hameln-Pyrmont.

Matthias Blazek

Gliederung

a.	Geleitwort	5
b.	Vorwort	6
c.	Gliederung	7
d.	Geschichtliches aus der Grafschaft Schaumburg	8
01	1000	9
02	1050	9
03	1100	10
04	1150	10
05	1200	10
06	1250	13
07	1300	13
08	1350	14
09	1400	14
10	1450	15
11	1500	15
12	1550	16
13	1600	27
14	1650	39
15	1700	41
16	1750	42
17	1800	46
18	1850	77
19	1900	99
20	1950	116
e	Die Gemeinden des Landkreises Grafschaft Schaumburg	121
f.	Die Landräte der Grafschaft und des Landkreises Schaumburg	135
g.	Ortsregister	137
h.	Personenregister	138
i.	Sachregister	139
j.	Abbildungsverzeichnis	140
k.	Der Verfasser	142
l.	Im Buch verwendete Abkürzungen	143
m.	Literaturempfehlungen	144

Geschichtliches aus der Grafschaft Schaumburg

Der Regierungsassessor Carl Kröger (1824–1897), ab 1868 Landrat in Rinteln, stellte „Lage, Grenzen, Größe" der Grafschaft Schaumburg in seiner Statistischen Darstellung von 1861 wie folgt fest:[1]

Die Grafschaft liegt, wie oben bemerkt, von den Kurhessischen Hauptlanden ganz abgesondert, nördlich von diesen, zwischen 52° 5½´ und 52° 25½´ nördlicher Breite und 26° 28´ und 27° 7´ Länge und ist gegen Westen von dem Königreiche Preußen und dem Fürstenthume Schaumburg-Lippe, gegen Norden von dem letzteren und dem Königreiche Hannover, gegen Osten ganz von Hannover und gegen Süden von Hannover und dem Fürstenthum Lippe-Detmold eingeschlossen.

Die Grenze gegen Preußen beginnt am rechten Weserufer unterhalb des zum Dorfe Todemann gehörigen Gutes Dankersen, läuft dann längs der Chaussee von Rinteln nach Bückeburg bis vor das Dorf Kleinbremen und zieht sich darauf über den Papenbrink bis in das theils zu Kurhessen, theils zu Preußen, theils zu Schaumburg-Lippe gehörige Dorf Schermbeck, wo die Grenze des letzteren Staates beginnt.

Diese erstreckt sich, das Wesergebirge unterhalb der Luhdener Klippe wieder übersteigend, bis fast an die Straße von Rinteln nach Hameln, übersteigt das Gebirge abermals zwischen der Messings- und Westendorfer Egge, läuft über die Bückeburger Aue und die Vorläufer des Bückeberges, dicht unterhalb der Stadt Obernkirchen her, dann im Zickzack längs der nordwestlichen Abdachung des Bückeberges nahe bei dem Schaumburg-Lippeschen Dorfe Kobbensen in die Ebene, umschließt in einem weiten Bogen das Gebiet der Stadt Sachsenhagen und schließt sich, den Düdinghäuser Berg übersteigend und sich zur Sachsenhager Aue hinabsenkend, unweit des Dorfes Mesmerode an die Grenze des Königreichs Hannover.

Letztere läuft in zwei großen Bogen östlich, zum Theil dem Laufe der Südaue folgend, bis Colenfeld, geht dann in südlicher Richtung über das Deistergebirge, in der Nähe von Apelern abermals einen weiten Bogen beschreibend, durch das Thal der Rodenberger Aue und steigt über das Dachtelfeld auf die Höhe des Wesergebirges, auf welchem sie bis zur Höhe des Süntels fortläuft, dann bei der Pötzer Landwehr die Berliner Straße durchschneidet, über den Ullenberg in das Weserthal hinabsteigt und oberhalb Fischbeck die Weser erreicht. In der Nähe von Fuhlen verläßt sie solche wieder und erhebt sich durch die linksseitigen Weserberge bis zum Dorfe Goldbeck, in dessen Nähe sie am s. g. Ochsenkampe sich der Grenze des Fürstenthums Lippe-Detmold anschließt. Von da läuft sie in einem weiten Bogen quer über die Berge bis zur Casseler Straße, überschreitet diese bei Friedrichshöhe, folgt dann kurze Zeit dem Laufe der Exter und wendet sich auf der Höhe des Heidelbecker Waldes wieder gegen Norden, durchschnei-

---

[1] CARL KRÖGER, Statistische Darstellung der Grafschaft Schaumburg (= Zeitschrift des Vereins für hessische Geschichte und Landeskunde, Achtes Supplement), Kassel 1861, S. 5.

det unweit des Dorfes Möllenbeck die Straßen nach Lemgo und Warenholz und erreicht unterhalb dieser Stadt die Weser, deren Laufe sie aufwärts folgt, bis sie sich wieder mit der Grenze gegen Preußen vereinigt.

Das Dorf Schüttlingen nebst den Eikhöfen liegt von der Grafschaft ganz abgesondert in der Nähe des eben erwähnten Dorfes Cobbensen, rings von Schaumburg-Lippeschem Gebiete eingeschlossen.

Die soeben beschriebene Fläche bildet eine sehr unregelmäßige Figur, mehr in die Länge, als in die Breite gezogen. Die größte Länge von Süden nach Norden in gerader Linie beträgt 10 Stunden, die größte Breite 5 Stunden,

Die Grafschaft, vor Kurzem trigonometrisch vermessen, ist $8,_{22}$ Quadratmeilen groß und zählt 183,375 Casseler Acker.

Kröger hatte Schermbecks Lage besonders herausgestellt. Luhden und Schermbeck, am Rande des Weserberglands gelegen, zählten 1848 zusammen 480 Einwohner.[2] Schermbeck zählte jetzt alleine nach Kröger, S. 32, 71 Einwohner.

Frühe Entwicklung von 1100 bis 1300

1000

Großenwieden

Der Ort Großenwieden ist von kunstgeschichtlicher Bedeutung wegen seiner gotischen St. Matthaei-Kirche. Eine erste Erwähnung stammt vom 2. November 1031, als die Kirche dem Kloster Abdingshof übertragen wurde.[3]

1050

Weibeck

Als Mindener Klosterbesitz wird Weibeck (bei Hessisch Oldendorf) erstmals in einer auf 1055 bis 1080 datierten Urkunde erwähnt. Diese Urkunde des Bischofs Egilbertus von Minden (1055–1108) weist auf einen Bestand an 10 Höfen mit 14 Hufen und eine Wassermühle „nächst Weibeck" hin: „In etc. Wehcbikae 14 m. cum 10 manc. et unum molendinum etc."[4]

Die Lukas-Kirche in Weibeck stammt aus dem 12. Jahrhundert.

---

[2] Anzeigen des Fürstenthums Schaumburg-Lippe, Jahrgang 1848, Bückeburg, S. 65.
[3] HERMANN BANNASCH, Das Bistum Paderborn unter den Bischöfen Rethar und Meinwerk (983–1036), Paderborn 1972, S. 254.
[4] CARL WILHELM WIPPERMANN, Regesta Schaumburgensia – Die gedruckten Urkunden der Grafschaft Schaumburg in wörtlichen Auszügen zusammengestellt, Kassel 1853, Urk. 18, S. 10. Vgl. WALTER MAACK, „Das Dorf Weibeck – Eine siedlungsgeschichtliche Untersuchung", in: Schaumburger Heimatblätter, Rinteln 1957, S. 21 ff.

1100

Apelern

Apelern wurde bereits am 12. Juni 1162 urkundlich erwähnt, als die Kirche gebaut wurde. Der Name bedeutet in etwa *bei den Äpfeln* oder *zu den Apfelbäumen*. Zur Zeit der Sachsen war Apelern Kult- und Gerichtsstätte. Die Kirche war zum Ende des 12. Jahrhunderts Hauptkirche des Bukki-Gaus.[5]

1150

Obernkirchen

Ein Diplom des Bischofs Werner von Minden vom Jahre 1167 ist das älteste Dokument, welches über Obernkirchen vorhanden ist. Die Rede ist darin von einer Neugründung des Klosters als Augustiner-Nonnenkloster, welches Bischof Werner Obernkirchen ausstattete.[6]

Im gleichen Jahr (1167) übergab Heinrich, Herzog der Sachsen und Bayern („Heinrich der Löwe"), dem Kloster ein Gut in Velde: „praedium Velde, in pago Bucki situm, de hereditate sua domino Volquino de Swalenberg quondam a parentibus suis concessum, sibi autem voluntarie resignatum."[7]

1200

Düdinghausen

Düdinghausen bei Auhagen scheint seine urkundliche Ersterwähnung im Jahre 1226 zu finden. Das 1070 genannte „Didingohuson" bezeichnet nach Meinung der Historiker einen wüsten Ort in der Gegend von Frille und Päpinghausen im Kreis Minden. Der Zehnte von Düdinghausen gehörte der Mindener Kirche und wurde 1226 dem Kloster Loccum geschenkt.

Der Urkundentext besagt, dass Bischof Konrad von Minden dem Kloster Loccum einen Zehnten in Düdinghausen (Kirchspiel Bergkirchen, Amts Rodenberg, Dudinghusen) geschenkt habe, welchen dasselbe nebst einer Hufe im Dorfe Nesen (Kirchspiels Lerbeck, Gerichtsbezirk Minden) von Reinhard von Varenholz (de Vornholte, 1211–1250) für 15 Mark gekauft hatte unter der Bedingung, dass letzterer und sein Bruder Eustaz (Justacius, 1208–1250) nebst Söhnen sich verpflichteten, das gedachte Kloster nie wegen dieses Zehnten und wegen der vom

---

[5] CARL WILHELM WIPPERMANN, Beschreibung des Bukki-Gaues nebst Feststellung der Grenzen der übrigen Gaue Niedersachsens, hrsg. von CARL F. L. WIPPERMANN, Göttingen 1859, S. 356.
[6] CARL WILHELM WIPPERMANN (Hrsg.), Urkundenbuch des Stifts Obernkirchen in der Grafschaft Schaumburg, Rinteln 1855, S. 1, Zeitschrift der Gesellschaft für Niedersächsische Kirchengeschichte, Fünfter Jahrgang, unter Mitwirkung von Abt Gerhard Uhlhorn und Professor Paul Tschackert hrsg. von Karl Kayser, Braunschweig 1900, S. 352, vgl. DIETER BROSIUS, Das Stift Obernkirchen 1167–1565 (Schaumburger Studien, Heft 30, Bückeburg 1972), S. 14.
[7] Hannoversche Beyträge zum Nutzen und Vergnügen von 1762, Stück 81, S. 1289.

Herzoge H. (Heinrich) geschenkten Güter in Meissen (Meysen, Kirchspiels Lerbeck, Gerichtsbezirk Minden) zu belästigen.[8]

Bischof Johann von Minden bekundete mit Urkunde vom 20. September 1247 die Beilegung eines Streites des Klosters Loccum mit Heinrich, Herbord und Johann wegen des Zehnten in Düdinghausen zu Gunsten des ersteren.[9]

Rinteln

Der von 1225 bis 1239 regierende Graf Adolf IV. von Holstein-Schaumburg gründete, nachdem er 1227 in der Schlacht bei Bornhöved die Macht der Dänen in Holstein gebrochen hatte, um das Jahr 1230 Neu-Rinteln auf dem Rinteln gegenüber liegenden, also südlichen Weserufer.

Georg Landau berichtet 1842:[10]

Die Stelle, wo jetzt Rinteln steht, hieß ursprünglich Bleckenstädt, und nur einige Fischerhütten und eine Kapelle, die Ringelklause genannt, in welcher die, welche hier über die Weser fuhren, ihren Dank für die glückliche Ueberfahrt darbrachten, belebten diesen Ort. Dagegen befand sich am rechten Ufer, unter dem luhdener Berge, nach Dankersen hinein, wenigstens schon im 12ten Jahrhundert vorhandenes Dorf, Rinteln (Rentene) genannt. Nachdem Graf Adolph IV. vor Schaumburg das cisterzienser Nonnenkloster Bischoperode (nach 1224) hierher verlegt hatte, baute er am linken Ufer, neben jener Kapelle, die jetzige Stadt Rinteln und beschenkte dieselbe schon 1228 mit dem Weseranger und andern Grundstücken. Im J. 1230 wurde darauf auch das Kloster aus dem Dorfe in die neue Stadt hinüber verlegt. Das Dorf wurde seitdem Altrinteln genannt, begann aber allmälig, durch Uebersiedelung seiner Bewohner zu schwinden und ging endlich im 15ten Jahrhundert ganz aus. Noch im 17ten Jahrhundert sah man Reste der Kirche und der Wohnungen, jetzt, aber ist alles Feld, und nur Feldnamen erinnern noch daran, daß der Ort ehemals Wohnungen trug.

Rinteln erhielt 1239 von Graf Adolf IV. die lippischen Stadtrechte, während sich für das etwa zugleich angelegte Stadthagen entsprechende Privilegien erst hundert Jahre später nachweisen lassen (1344). Nach „oppidum Rentene" ankommenden Personen wurden in der auf Pergament geschriebenen Urkunde von 1239 „gewisse Freyheiten" verliehen. Bereits im Jahr zuvor, 1238, war in einer Urkunde die Stadtpfarrkirche S. Nikolaus bezeugt als „ecclesia in civitate Rentene". 1241 finden wir urkundlich erwähnt *cenobium ... in Rentelen*.[11]

---

[8] Calenberger Urkundenbuch, Dritte Abteilung, Archiv des Stifts Loccum (Heft 1: bis zum Jahre 1300), hrsg. von WILHELM VON HODENBERG, S. 45, Urk. 52 (gedruckt nach der Abschrift des 15. Jahrhunderts im Loccumer Kopiar, S. 198, Nr. 290; siehe auch Urk. 51 von 1226). Vgl. Zeitschrift des Historischen Vereins für Niedersachsen, Jahrgang 1860, Hannover 1861, S. 112, Nr. 60, Westfälisches Urkunden-Buch – Die Urkunden des Bisthums Minden vom Jahre 1201–1300, bearb. von HERMANN HOOGEWEG, Hannover 1898, S. 42, Urk. 162.
[9] Westfälisches Urkunden-Buch, wie oben, S. 135, Urk. 474.
[10] GEORG LANDAU, Beschreibung des Kurfürstenthums Hessen, Kassel 1842, S. 348 f.
[11] WIPPERMANN, Regesta Schaumburgensia, wie oben, Urk. 124 (1238), 125 (1239), 126 (1241). Das Wort „cenobium" bedeutet seinem griechischen Ursprung nach soviel wie gemeinschaftliches Leben.

Die Urkunde von 1239 besagt:[12]

A. dei gratia comes de scouuenborg, omnibus oppidum infantibus, quod Rentene nuncupatur, fungi iure et sententia, quibus Lippenses potiuntur, donamus. Acta 1239.

Abb. 1: Urkunde von 1239. Stadtarchiv Rinteln, Urkundensammlung 1.

Laut Cyriacus Spangenbergs „Schauenburgischer Chronik", 1602 geschrieben und 1614 veröffentlicht, S. 73, und Friedrich Wilhelm Bierling, De familia comitum Holsato-Schaumburgicorum, historische Dissertation, Rinteln 1699, S. 4, wurde Rinteln das Stadtrecht erst 101 Jahre später, nämlich 1340, verliehen.

---

[12] Stadtarchiv Rinteln, Urk. 1, WIPPERMANN, Regesta Schaumburgensia, wie oben, S. 68, Urk. 125, Abdruck auch bei PAUL HASSE (Bearb. und Hrsg.), Schleswig-Holsteinische-Lauenburgische Regesten und Urkunden, Band 1 (786–1250), Kiel 1886, S. 265 f., Nr. 589. Die Urkunde datiert vor August 1239, da Graf Adolf IV. in Folge eines in der Schlacht bei Bornhöved getanen Gelübdes die Regierung niederlegte, am 13. August 1239 ins Hamburger Minoritenkloster ging, um als Mönch weiterzuleben.

1250
Sachsenhagen

Das Bistum Minden, von den Franken mit Landbesitz ausgestattet, dessen Grenze in diesem Bereich mit der Aue angegeben wurde, machte dem Herzog Albrecht zu Sachsen, Engern und Westphalen den Besitz streitig. Der Streit wurde am 24. Juli 1253 in Hitzacker geschlichtet. Die von Herzog Albrecht I. zu Sachsen-Lauenburg errichtete Wasserburg Sachsenhagen wurde an Bischof Wedekind I. von Minden abgetreten und dem Herzog als Lehen zurückgegeben. Helena zu Sachsen-Lauenburg, die Schwester der Sachsenherzöge Johann, Albrecht und Erich, heiratete 1297 den Grafen Adolf VI. von Holsetin-Schaumburg und brachte als Mitgift die Pfandschaft über die Burg Sachsenhagen mit. Damit wurde Sachsenhagen Bestandteil der Landesherrschaft der Schaumburger Grafen.[13]

Die Festigung der schaumburgischen Herrschaft von 1300-1500

1300
Rodenberg

Im Jahre 1317 finden wir Rodenberg in zwei am selben Tag ausgestellten Urkunden als „in rodenberghe" bezeichnet. Landschaftsdirektor Wilhelm von Hodenberg (1786–1861) fasst die Inhalte zusammen, wie folgt: (Urkunde 109) „Knappe Artus von Negenborn verkauft dem Propste Burchard und dem Convente zu Wennigsen einen Eigenbehörigen und eine Curie von vier Hufen mit drittehalb Hofstellen zu Spolholthusen (Pottholtensen, Kirchdorf im Amte Wennigsen) auf sechs Jahre für hundert Mark. Rodenberg, 11. Juni (Barnab.) 1317." (Urkunde 110) „Artus von Negenborn resignirt den Grafen Hermann und Hildebold von Pyrmont eine Curie von vier Hufen und zwei Hofstellen, welche er dem Propste Burchard und dem Convente zu Wennigsen verkauft hat, zu Gunsten dieses Klosters. Rodenberg, 11. Juni 1317."[14]

---

[13] HEIMATVEREIN SACHSENHAGEN-AUHAGEN (Hrsg.), Haga Saxenum – 333 Jahre Stadt Sachsenhagen 1650–1983 – Eine kleine Chronik aus Anlass der 333. Wiederkehr der Verleihung der Stadtrechte im Jahre 1650, S. 2, CARL ANTON DOLLE, Bibliotheca Historiae Schavenbvrgicae, Stadthagen 1750, S. 298 f., Zeitschrift des Harz-Vereins für Geschichte und Alterthumskunde, Bd. 28, Wernigerode 1895, S. 96.

[14] WILHELM VON HODENBERG (Hrsg.), Calenberger Urkundenbuch, Erste Abtheilung: Archiv des Klosters Barsinghausen, Hannover 1855, Urk. 109 und 110, S. 62 f.

1350

Rinteln

Durch das Recht, Wegezoll zu erheben (1391), und das Messeprivileg (1392) stieg Rintelns Bedeutung auch für das Umland. Die günstige Verkehrslage an einer Weserbrücke unterstützte den Aufschwung.[15]

Rodenberg

Rodenberg ist eine uralte schaumburgische Besitzung. Ursprünglich hatte es nur die Freiheiten eines Fleckens, welche ihm schon 1375 Graf Otto II, von Schaumburg bestätigte. In einer Urkunde des Zeitraum 1376 bis 1379 ist von „to dem Redenberghen" die Rede.[16]

1400

Sachsenhagen

Im Jahre 1407 gab ein Graf Adolf (Alleff) von Holstein-Schaumburg den Ansiedlern auf dem Graben vor dem „Sassenhag" ein Fleckenrecht, sodass die ursprünglichen Anbauern, Burgmannen, Diener, Leibeigene nun durch Zuzug von Handwerkern in ihrem Bestand wuchsen. 1504 wurde dem Flecken ein Siegel verliehen.

Das Fleckenrecht wurde „unser Herschop Undersaten, wonaftich uppe dem Graven vor dem Sassenhaghen" nach Rodenberger Muster erteilt.[17]

Der fürstlich hessische Kriegsrat Regnerus Engelhard (1717–1777) bestätigt in seiner „Erdbeschreibung der Hessischen Lande Casselischen Antheiles" von 1778: „Ihr Ursprung kömmt von sieben Meyerhöfen her, welche eines Ortes, vorm Berge genannt, einzeln umhergelegen, und, als Graf Adolph 1407 erlaubet, daß auf dem Schloßgraben ein Flecken angeleget würde, von den Meyern zuerst dahin versetzet worden."[18]

---

[15] Vgl. WALTER MAACK, Die Rintelner Statuten des 14. bis 16. Jahrhunderts und die Gnaden der Gilden und Bruderschaften, Rinteln 1970.

[16] WIPPERMANN, Regesta Schaumburgensia, wie oben, Urk. 403, S. 181.

[17] 8. Mai 1407, Staatsarchiv Bückeburg, Stadt Sachsenhagen (Urkunden), Orig. Dep. 28, Nr. 1, RUDOLF FEIGE, Die Statuten des Fleckens und der Stadt Sachsenhagen – Beiträge zur Entwicklungs- und Verfassungsgeschichte einer schaumburgischen Kleinstadt, Sachsenhagen 1950, mit dem Text von 1407 auf S. 116 f. Fehlerhaft der Name des Grafen bei ALBERT STÜNKEL, KARL BECKER, PASTOR WILHELM MÖLLER, Festschrift zur Jubiläumsfeier der Stadt Sachsenhagen 800 Jahre Schlossgründung/300 Jahre Stadtrechte", Sachsenhagen 1950, S. 6.

[18] REGNERUS ENGELHARD, Erdbeschreibung der Hessischen Lande Casselischen Antheiles mit Anmerkungen aus der Geschichte, zweiter Teil, Kassel 1778, S. 737.

1450

Rinteln

„Einer soliden Ausstattung und umfangreichen Schenkungen in den ersten zwei Jahrhunderten des Bestehens folgt ab Mitte des 15. Jahrhunderts der wirtschaftliche Niedergang."[19]

1500

Die Blüte der Schaumburger um 1600

Obernkirchen

Obernkirchen wurde mehrmals von verheerenden Bränden heimgesucht. Georg Landau berichtet 1842: „Am 21. Dezember 1503 wurde die Stadt durch eine Feuersbrunst zerstört; 1526 durch eine Rotte von 700 Parteigängern geplündert."[20]

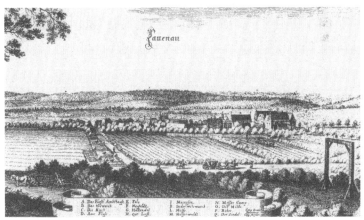

Abb. 2: Lauenau auf einem Merian-Stich um 1650.

Der aus Nordhausen stammende Cyriacus Spangenberg (1528–1604), der zu den fruchtbarsten Schriftstellern der zweiten Hälfte des 16. Jahrhunderts zählt und dessen schriftstellerische Tätigkeit nahezu alle Gebiete der Theologie und der Geschichte umfasste, behandelte in der Chronik der Schaumburger oder *Schawenburgische Chronica* die Städte nur als Hintergrund.[21] Er erwähnte aber Rin-

---

[19] HORST-RÜDIGER JARCK, Urkundenbuch des Klosters Rinteln 1224–1563, Rinteln 1982, S. 2.
[20] LANDAU, wie oben, S. 353.
[21] CYRIACUS SPANGENBERG, *Chronicon In Welchem der Hochgeborenen Uhralten Graffen Zu Holstein, Schaumburgk, Sternberg und Gehmen ankunfft vnd wie sie die Graffeschafften bekommen, wie lange sie die, auch das Hertzogthumb Schleßwich Innen gehabt vnd besessen vnd itzo die Graveschafften noch inhaben, Auch Nahmen, herkomen, genealogia oder Stambaum aller Graffen, leben, Friedes vnd Kriegeshandlüng, Thaten, denckwirige geschichte derselben Stiffte, Schlosser, Stedte, Flecken vnd Bergwerck*, Stadthagen 1614 (im Jahr 1602 geschrieben).

teln, weil bei dessen Belagerung der Graf von Spiegelberg mit einem Pfeil erschossen wurde (S. 238). Der Brand von Obernkirchen 1503 ist auf Seite 243 erwähnt, die Zerstörung Lauenaus zu Beginn der Hildesheimer Stiftsfehde 1519, als die Burg von dem im Dienst der Grafen Anton und Johann von Schaumburg stehenden und mit Nikolaus von Goldacker verbündeten schaumburgischen Feldobersten Ludolph von Münchhausen zerstört wurde, auf Seite 246.

1550

Grafschaft Schaumburg

Graf Otto IV. regierte in der Grafschaft Schaumburg von 1544 bis zu seinem Tode 1576. Er gilt als Reformator des Landes. In der Grafschaft kam die Reformation ein volles Vierteljahrhundert später als in Hessen zu Stande, weil Graf Otto IV., als ehemaliger (1531–1537) Bischof von Hildesheim, nicht nur selbst ein eifriger Anhänger der römischen Kirche war, sondern auch durch seine Brüder, Adolph und Anton, Erzbischöfe zu Köln, im Widerwillen gegen die Kirchenverbesserung bestärkt wurde.[22]

Schon um das Jahr 1540 hatten Johann Rohde zu Lindhorst und Matthias Wesche zu Obernkirchen den Mut, das Evangelium zu predigen.[23] Magister Anton Nothold (1569–1650) schreibt in seiner „Historia Linthorstana" von 1625 im Kapitel III:[24]

Zu Obernkirchen hat Ehrn Matthies Wesche, S[eel.], ein feiner ansehnlicher frommer Mann, gottes Wort erstlich angefangen zu predigen, darüber er auch viel hat müssen leiden, insonderheit aber von den Kloster Jungfern, welche i[h]m in der Predigt oft haben Wider Sprochen, vnd von ihrem Chor zugeruffen, Es ist nicht wahr, du leugest, du leugest und was deßen mehr gewesen.

Das genaue Jahr gibt Nothold nicht an. Und von seinem eigenen Dorf berichtet Nothold einleitend im Kapitel XII, dass Johann Rhode, aus Stadthagen gebürtig, „auch Vicecuratus zu Linthorst", der erste gewesen sei, der dort aus prophetischen und apostolischen Schriften gepredigt habe, „daß abendmall unter beider gestalt außgespendet vnd feine christliche Psalmen, vom glauben Vatter Vnser in der Kirchen gesungen vnd introduciret hatt". Rhode habe erstmals im Jahre 1537 eine Rechnung von den beiden Leuten Heinrich Zimmer und Albin Haseman aus „Luders Velde" eingenommen.

Zum Beweis, wie wenig man von christlichen Gesängen wusste, erzählt Nothold: „Wie derselbe (nämlich Rhode) nun das Volk ermahnet, daß sie sollten mitsingen, ist ein Bauerknecht aus dem Lüderfelde gewesen, mit Namen Berend Staelhudt, derselbe mag gehört haben, daß ein Jeder sollte mitsingen (nämlich

---

[22] WILHELM BACH, Kurze Geschichte der kurhessischen Kirchenverfassung, Marburg 1832, S. 62. Vgl. HEINRICH MUNK, „Im Jahre 1522 wurde in Schaumburgs Kirchen schon ‚evangelisch gepredigt'", „Feierabend in Schaumburg", General-Anzeiger vom 24. Februar 1996.
[23] Zeitschrift des Vereins für hessische Geschichte und Landeskunde, Kassel 1877, S. 149.
[24] Historia Linthorstana, Caput III, Doppelseite 28 (= S. 56-57), S. 56 oben. Vgl. ADOLF DAMMANN, Geschichtliche Darstellung der Einführung der Reformation in den ehemals Gräflichen Schaumburgischen Landen, Hannover 1852, S. 23.

Psalmen), da hat er gemeinet, es wäre gleich was es wollte, und während andere Leute in der Kirchen gesungen: Allein Gott in der Höh sei Ehr, hat dieser gesungen: Ich weiß mich drey Vohlen in einem Stalle stehn, die können so leise traben, die muß ich haben." Von dem Küster Henricus Kulpes zu Lindhorst erzählt Nothold: „wann er den Glauben oder das Vater Unser hat sollen singen, so hat er angefangen: Sancte Dionysius, du bist ein heilig Mann, in allen unsern Nöthen so rufen wir dich an."

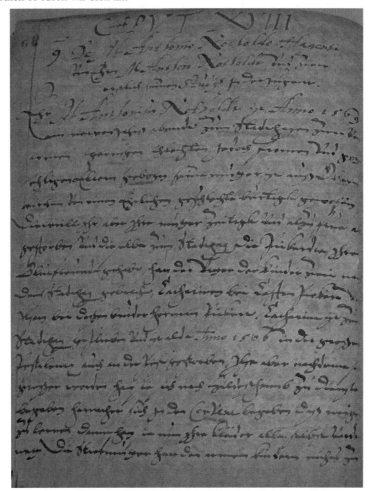

Abb. 3: Eigendarstellung von Notholds Geburt am Neujahrstag 1569.

Der Chronist, Magister Anton (auch Anthon, Anthonius) Nothold, war Theologe. Er war der Sohn „eines wenig bemittelten Hutmachers" aus Stadthagen, der Theologie studieren wollte und sich gezwungen sah, 1584 die Schule seiner Vaterstadt mit 15 Jahren zu verlassen und in Hildesheim weitere Ausbildung zu suchen.[25] Am 24. September 1589 schrieb er sich ohne Gebühr an der Wittenberger Universität ein.[26] Er wurde Rektor der St. Aegidien-Schule in Braunschweig (für eine Woche) und kam danach ins Schaumburgische. Von 1599 bis zu seinem Lebensende war Nothold Pastor in Lindhorst; auch verrichtete er als Hofprediger zur Zeit Herzog Ernsts in der nicht mehr vorhandenen Schlosskirche zu Sachsenhagen den Gottesdienst. Von 1625 bis zu seinem Tode arbeitete er an der Lindhorster Pfarrchronik (*Historia Linthorstana* „durch M[agister] Anthonium Notholdum, Pastorem daselbsten A[nno] [Domini] 1625"), die sich im Manuskript noch im Pfarrarchiv zu Lindhorst befindet und bis dato nur unzureichend übertragen worden ist.

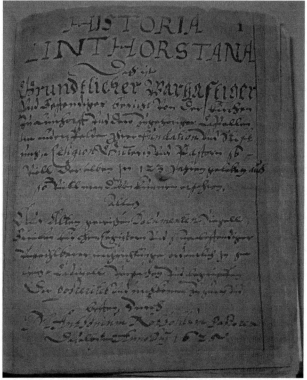

Abb. 4: Der Einband der „Historia Linthorstana" von 1625.

---

[25] Mitteilungen der Gesellschaft für Deutsche Erziehungs- und Schulgeschichte, Bände 15-16, Berlin 1905, S. 165. Zu seinem Geburtstag schreibt Nothold in der Historia Linthorstana, Caput XVIII, Doppelseite 96 (= S. 192-193), S. 192 oben: „Ehr M. Anthonius Notholdt ist Anno 1569 am newenjahrß abende Zum Stadthagen zwar von armen, geringen schlechten, jedoch frommen vnd gar sehligen Eltern geboren, seine Mutter ist auß Obernkirchen von einem Ehelichen geschlechte burtigk."

[26] HANS-JOCHEN SEIDEL, Wittenberg, „Einige Stadthäger kannten Professor Martin Luther von 1523 bis 1546 persönlich", „Feierabend in Schaumburg", General-Anzeiger vom 2. Dezember 1995.

Anton Nothold hatte zuvor die Schrift *De Rameae Institutionis principiis & natura Logicae Ad Primam disputationem M. Cornelii Martini ... adversus Ramistas propositam Consideratio a philosophiae Rameae studiosis in Illustri Academia Julia instituta* verfasst, die 1596 in Lemgo aufgelegt wurde, wurde Beichtvater der Grafen Ernst und schließlich Pastor in Lindhorst. Er betrachtete sich als Ramist (dem Calvinismus zugeneigt).[27]

Weitere seiner Werke waren:

eine christliche Leichenpredigt auf Graf Ernst von Schaumburg (1569–1622): *Kurtze Beschreibung / von tödlichem Abgang vnd Leichbegängnuß (...) Deß Fürsten vnd Herrn/ Herrn Ernsten / Fürsten des HR Reichs/ Graffen zu Holstein / Schawenburg / vnd Sternberg / Herrn zu Gehmen / etc.*, Rinteln 1622[28]

Historia Linthorstana – Das ist grundtlicher wahrhaftiger und bestendiger bericht von der Kirchen zu Linthorst, 1625

Funus, das ist: Leich-Predigt beym christlichen Begräbnuss des ... Sophiæ Margaretæ Schlüters, des ... Domini Johannis Schlüteri ... Töchterleins ... den 20 Julij 1633

Amicitia Justorum, Das ist: Christliche Betrachtung des Spruchs Christi/ Luc. 16. Machet euch Freunde mit dem ungerechten Mammon/ [et]c: Angestellet zu Linthorst ... da die Christliche Leiche des ... Herrn Hermans/ Grafen zu Holstein/ Schaumburg und Sternberg ... in der löblichen Fürstl. Grafen von Schaumburg Ihr Mausoleium ... deponiret und hingeleget werden. Welcher Anno 1634. den 5. Decembr. ... entschlaffen ...

Inventarium sive Index Bonorum ecclesiae Lindhorstanae, 1643

In Obernkirchen begann die Reformation 1559 mit der evangelischen Predigt des Predigers Matthias Wesche, der schon vor 1558 bis zu seinem Tod am 1. Januar 1583 in Obernkirchen wirkte,[29] und wurde 1565 mit der Schaumburger Kirchenordnung amtlich besiegelt.

In Schaumburg führten seit dem Tode Ottos IV. im Jahre 1576 wegen zu hoher Verschuldung des Landes bis zur Regierungsübernahme durch Adolf XIV.

---

[27] BRAGE BEI DER WIEDEN, Außenwelt und Anschauungen Ludolf von Münchhausens (1570–1640), Hannover 1993, S. 166.

[28] Graf Ernst von Schaumburg, geboren am 24. September 1569 in Bückeburg, starb am 17. Januar 1622 und wurde am 21. März 1622 feierlich in dem Mausoleum, das er sich in Stadthagen errichtet hatte, zur letzten Ruhe gebettet. In seiner Leichenpredigt auf Graf Ernst fällte Nothold, zur gleichen Zeit Schüler in Stadthagen, das Urteil über die gräflichen Musiker, dass sie zunächst mehr zur Aufwartung im Gottesdienst als „zu anderer Lust" verpflichtet gewesen seien. Nothold spricht auch die Begleitung des Grafen durch seinen Hofmeister Hans von Ditfurth, Drost in Stadthagen, und seinen Präzeptor Hermann Vastelabend. Vgl. INGRID HENZE: Ernst von Schaumburg (1569–1622) und die Universität Helmstedt, in: Braunschweiger Jahrbuch, 72, 1991, S. 55 ff., HELGE BEI DER WIEDEN: Fürst Ernst Graf von Holstein-Schaumburg und seine Wirtschaftspolitik, Schaumburg-Lippische Mitteilungen 15, Bückeburg 1961, S. 62.

[29] PHILIPP MEYER, Die Pastoren der Landeskirchen Hannovers und Schaumburg-Lippes seit der Reformation, 3 Bände, Göttingen 1941/1953, Band 2 (1942), S. 216.

(1582–1601) mehrere Räte im Namen der Landstände ein vormundschaftliches Regiment. Die erst 1559 aufgrund der Mecklenburgischen Kirchenordnung von 1552 (verfasst von Philipp Melanchthon, Sehling Band V) eingeführte Reformation hatte sich hier auch nicht so konsolidieren können, dass die Pfarrerschaft zu einer selbstständigen Urteilsbildung imstande gewesen wäre.[30]

Der Hauptprediger der reformierten Gemeinde zu Rinteln Franz Carl Theodor Piderit schreibt in seiner „Geschichte der Grafschaft Schaumburg" (1831):[31]

Bei dem Mangel an allen Landschulen und bei dem kärglichen Unterricht, welcher in den wenigen Stadtschulen ertheilt wurde, bei der Trägheit der Klostergeistlichen, und der Entartung der hohen Geistlichkeit, war an eine von der Zeit geforderte, höhere Geistesbildung nicht zu denken; vielmehr mußte die Unwissenheit immer festere Wurzeln schlagen, jemehr es dem Interesse der geistlichen Stifter gemäß war, diese Unwissenheit zu erhalten. Der größte Theil der Bewohner der Grafschaft arbeitete für die Geistlichkeit; die reichen Güter des Stifts Möllenbeck verzehrte seit 1444 eine verhältnißmäßig geringe Anzahl Augustiner-Mönche; die Stifter Obernkirchen und Fischbeck waren zwar noch fortwährend von Nonnen bewohnt, hatten aber durch Schenkungen und Kauf ihre Güter fast verdoppelt, und öffneten sich vorzugsweise den Jungfrauen adeligen Standes; das Kloster Abdinghof in Paderborn, sowie das Domkapitel in Minden zogen ihre Gefälle; das Jacobskloster in Rinteln nebst Colonie Egesstorf war nicht minder wohlhabend, und neben allen, diesen, auf Grundbesitz hingewiesenen Klosteranstalten, wanderten die Franziskaner Bettelmönche aus Stadthagen, diese wahren Apostel des Aberglaubens, welche aus den niedrigsten Ständen hervorgingen und auf diese vorzugsweise wirkten, im Lande herum, um ihren Bedarf zusammenzubetteln.

Fuhlen

Wahrscheinlich ebenfalls eine Gründung der Reformationszeit war die Schule in Fuhlen (südlich von Hessisch Oldendorf, 1146 urkundlich genannt), wenn auch erst 1581 ein Lehrer namhaft gemacht werden kann. Desgleichen ist 1596 in Lauenau ein Schulmeister nachweisbar. Die Schule in Jetenburg wurde bereits erwähnt.[32]

---

[30] INGE MAGER, Die Konkordienformel im Fürstentum Braunschweig-Wolfenbüttel – Entstehungsbeitrag – Rezeption – Geltung, Studien zur Kirchengeschichte Niedersachsens, Göttingen 1993, S. 300, mit Verweis auf WALTER MAACK, Die Grafschaft Schaumburg: Die Geschichte eines kleinen Weserlandes, Rinteln 1950, S. 55. Walter Maack (1907–1971) war Schriftleiter der Schaumburger Zeitung und machte sich mit über 150 Veröffentlichungen zur Schaumburgischen Geschichte einen gute Namen.

[31] FRANZ CARL THEODOR PIDERIT, Geschichte der Grafschaft Schaumburg, Rinteln 1831, S. 103.

[32] GERHARD SCHORMANN, Aus der Frühzeit der Rintelner Juristenfakultät, Schaumburger Studien, Band 38, Bückeburg 1977, S. 17.

Adolf Dammann schreibt 1852:[33]

Otto fand also, daß man der Gemeinde ihren Prediger nicht, ohne einen bedenklichen Aufstand zu erregen, nehmen könne, und beschloß daher, die Sache auf sich beruhen zu lassen. – Auf diese Weise wurde Eberhard Poppelbom ohne öffentlichen Schutz Reformator des Kirchspiels Oldendorf und der Parochie Fuhlen, mit großem, aber vergeblichem Widerspruch des Stifts Fischdeck. In der Parochie Fuhlen wird diese Begebenheit durch einen Gottesdienst auch in, den Dörfern, welche keine Kirchen haben, alljährlich gefeiert.

Rinteln

Der Hexenwahn in Europa, aufgeflammt im ausgehenden 15. Jahrhundert, erreichte vor 400 Jahren einen traurigen Höhepunkt: Ganze Dorfschaften zerfielen auf dem Scheiterhaufen, bestialische Foltern zur Erzwingung von Geständnissen gerieten zur Kunstform, und die Erdrosselung vor dem Tod im Feuer galt noch als Gnade. Rund 80 000 Frauen und Männer fielen dem Wahn, dessen Wurzeln im Mittelalter liegen, nach neueren Schätzungen zum Opfer. Am schlimmsten wütete die Verfolgung in einem Streifen von der Schweiz bis zu den Niederlanden – ein Phänomen, das nach neuen Erkenntnissen von einem Klimaschock auf den Gipfel getrieben wurde.[34]

Zum Strafbestand der Zauberei heißt es im großen systematischen Strafgesetzbuch Kaiser Karls V., der *Constitutio Criminalis Carolina* (*CCC*) von 1532, im Artikel 109: „Item so jemandt den leuten durch zauberey schaden oder nachtheyl zufügt, soll man straffen vom leben zum todt, vnnd man soll solche straff mit dem fewer thun. Wo aber jemandt zauberey gebraucht, vnnd damit niemant schaden gethan hett, soll sunst gestrafft werden, nach gelegenheit der sach ..."

Die Carolina schrieb vor, die Todesstrafe nur bei nachgewiesenem Schadenzauber zu verhängen. Gemäß der neuen Hexenlehre aber bedurfte es nicht mehr des „Schaden"-Zaubers; schon der positiv ausgeübte Zauber (zu Heilzwecken) war jetzt nur durch das Teufelsbündnis möglich und allemal der Todesstrafe würdig.

Entgegen einer nach wie vor weit verbreiteten Vorstellung waren die großen Hexenverfolgungen kein Phänomen des „finsteren Mittelalters", sondern der Frühen Neuzeit: Sie setzten im späten 16. Jahrhundert – wenn auch mit erheblichen regionalen und zeitlichen Differenzen – europaweit ein und dauerten bis in die zweite Hälfte des 17. Jahrhunderts an. Innerhalb dieses Zeitraums fanden die Verfahren nicht mit gleich bleibender Intensität statt, sondern weisen in fast allen Regionen deutliche zeitliche Konzentrationen auf: Im Deutschen Reich sind diese Wellen am häufigsten um 1590, um 1630 und um 1660 zu beobachten.

Das Deutsche Reich war neben den heutigen Ländern Frankreich und Schweiz einer der Schwerpunkte der europäischen Hexenverfolgung, vor allem die Zone,

---

[33] DAMMANN, wie oben, S. 30. Vgl. FRIEDRICH KOELLING, WALTER MAACK, Fuhlen – Beiträge zur Geschichte des Dorfes, Rinteln 1959.
[34] Ausführlich: MATTHIAS BLAZEK, Hexenprozesse – Galgenberge – Hinrichtungen – Kriminaljustiz im Fürstentum Lüneburg und im Königreich Hannover, Stuttgart 2006, S. 49 ff.

die sich von Lothringen über Kurtrier, das Herzogtum Westfalen, Minden, Schaumburg, von dort über die Harzgegend zu den anhaltischen Fürstentümern und über die sächsischen Herzogtümer und die Bistümer Bamberg, Eichstätt, Augsburg zur Schweizer Grenze erstreckte.[35]

Im Unterschied zu Niedersachsen sind in Ostwestfalen massenhafte Hexenprozesse schon von der Mitte des 16. Jahrhunderts an nachweisbar, Schaumburg eingeschlossen. Die Fakultätsmitglieder sind in diesen Gebieten aufgewachsen und durch ihre Familienzugehörigkeit mit ihnen in engstem Kontakt geblieben. Sicher haben sie den bestehenden Zustand verstärkt, ihn zumindest nicht bekämpft.[36]

Genaue Zahlen können hier nicht genannt werden. Für die Städte hat sich die Zahl der nachweisbar in Hexenprozesse verwickelten Personen bei Rinteln inzwischen auf 31, bei Stadthagen auf 28 erhöht. Die Gesamtzahl liegt damit bei 313 Personen zwischen 1552 und 1681.[37]

Abb. 5: Verbrennung dreier Hexen, ein Ehemann der Hexen wird enthauptet, ein anderer liegt bereits tot da. Holzschnitt, Nürnberg 1555.

In der Grafschaft Schaumburg trat der sehr fähige und erfolgreiche Regent Fürst Graf Ernst von Holstein-Schaumburg (regierte 1601–1622) für eine scharfe Hexenverfolgung ein. Gerade in der Grafschaft Schaumburg haben zwischen 1552 und 1659 viele Hexenprozesse stattgefunden. Fast alle Hexen sind verbrannt worden.[38]

---

[35] Vgl. GERHARD SCHORMANN, Hexenprozesse in Deutschland. 3. Aufl., Göttingen 1996, S. 65.
[36] SCHORMANN, Aus der Frühzeit ..., wie oben, S. 117, 121.
[37] Vgl. GERHARD SCHORMANN, Hexenprozesse in Nordwestdeutschland, Hildesheim 1977, S. 78 f.
[38] Vgl. PETER BEER, Hexenprozesse im Kloster und Klostergebiet Loccum, Göttingen 2007.

Zu Zeiten von Fürst Ernst war es eine der vornehmsten Aufgaben der Herrschenden, Hexerei und Zauberei zu verfolgen und zu bestrafen – meist mit dem Tode. Das stärkte ihre Macht und erschien gottgefällig (eher kirchengefällig), brachte oft sogar Geld ein. Erst als die Hexenprozesse und mit Folter erpresste Geständnisse überhand nahmen, setzte eine Gegenbewegung ein. Die Zeit der Aufklärung beendete den bösen Spuk in den Köpfen. Schaumburg gehörte mit rund 300 Prozessen bei kaum 40 000 Menschen Bevölkerung zu den Regionen, wo die Verfolger, Folterknechte und Verbrenner am heftigsten wüteten.

Schaumburg – und hier besonders das Amt Rodenberg – gehörte zu den Hauptverfolgungsgebieten im Reich. Unter Fürst Ernst hat es 44 Hexenprozesse gegeben. Sein Vater, Otto IV. von Holstein-Schaumburg (1517–1576), hat sich da aber noch wesentlich mehr hervorgetan.

Männliche Angeklagte waren in Schaumburg (wie auch in Verden) in absoluter Minderheit.

In einem 1568 verfassten Urteilsspruch für die Räte der Herrschaft Schaumburg wurde unmittelbar ein Bezug zu einem Zaubereiprozess dort aus dem Vorjahr hergestellt. Die Mutter eines Ratsherrn war 1567 „vff genugksamme zum Sachssenhagen gefengklich eingezogen, vnd Inn Ihrer vrgicht eyne zeuberin befundenn, darauff auch vorbrandt worden." Daraufhin verweigerten auch die anderen Ratsherren seine weitere Tätigkeit in diesem Amt, da er zur Familie der Verurteilten gehörte.[39]

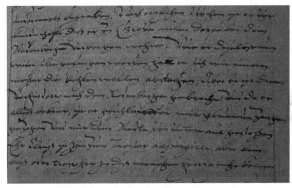

Abb. 6: „... mit glüenden Zangen gezogen".

Anton Nothold erwähnt im „CAPVT XIIII" (Kapitel 14) seiner „Historia Linthorstana" den Fall von drei Frauen, die 1597 auf dem Scheiterhaufen endeten. Nothold berichtet ausführlich über ein „schreckliches Exempell", das sich bei dem Herrn Claus in Lindhorst, der 20 Jahre Pastor in Steinbergen gewesen sei, zugetragen habe. Eine Person, die einem Mord begangenen haben soll, wurde in Grove festgesetzt, am Suizid gehindert, nach Rodenberg geschafft, „vnd da er alleß bekant, ist er geschleiffet [gemeint ist: auf einer Tierhaut zum Richt-

---

[39] Vgl. ausführlich Martin Wilde, Die Zauberei- und Hexenprozesse in Kursachsen, Köln/Weimar/Wien 2003, S. 343.

platz], mit glüenden Zangen gezogen, vnd mit dem Radte, von vnten auf gestoßen". Später heißt es noch: „Es ist aber Anno 1597 daß Dorf in großen schaden gekommen, derwegen ist die Stete wider verkauft Jobst Robert der da ein hauß wieder hat aufgebawet, drei Hexen, welche er bekandt sein auch hernach zu Aschen gebrandt."

Im Jahre 1624 wurden fünf Ehefrauen aus Eimbeckhausen, Adelheid Tileken, Anna Schomaker, die Päpische, Agnes Stelten und *Rosine*, nach gehaltener Wasserprobe im Hexenteich am Sünneckenbusch bei Messenkamp als Hexen verurteilt und am Hinrichtungsplatz auf der Schweinemasch hinter dem Schloss in Lauenau verbrannt.[40]

Im Jahr 1654 fand in Rinteln ein Hexenprozess statt. Die Witwe Voß aus Wellentrup (bei Blomberg im Kreis Lippe), die schon lange im Gerücht der Hexerei gestanden hatte, wurde im August 1654 nach einem juristischen Gutachten der Universität Rinteln mit dem Schwert hingerichtet.[41]

Die Juristen der Universität Rinteln verstärkten durch ihre „Beratung" von Stadt und Amtsgerichten im ganzen Nordwesten die Hexenprozesse. Zwischen 1621 und 1675 sind rund 400 Gutachten überliefert, die durchweg die rücksichtslose Verfolgung von vermeintlichen Hexen und Hexenmeistern anordneten.

1631 bestand in Rinteln vorübergehend eine katholisch-theologische Fakultät. Der an ihr lehrende Dichter Friedrich Spee (1591–1635) war ein bekannter Gegner der Hexenprozesse. Er gab im gleichen Jahr seine „Cautio criminalis" heraus, die den Beginn des Kampfes gegen die Hexenprozesse darstellt. Spee wandte sich darin entschieden gegen die Folter als Mittel zur Wahrheitsfindung. Das Buch war die Antwort auf das Standardwerk zur Theorie der Hexenlehre seines Kollegen Hermann Goehausen (1593–1632) „Processus juridicus contra sagas et veneficos" aus dem Jahre 1630. Goehausen war ein leidenschaftlicher Verfechter für den Einsatz der Folter in Hexenprozessen. Die Universitäten Rinteln („Academia Ernestina"), Rostock („Alma Mater Rostochiensis") und Wittenberg („Leucorea") waren führende gutachterliche Universitäten während der Hexenprozesse.[42]

---

[40] Niedersächsisches Jahrbuch für Landesgeschichte, Band 45, Hildesheim 1973, S. 150. Die hier angesprochene Wasserprobe stützte man bald auf die Meinung, dass den Hexen vom Teufel eine spezifische Leichtigkeit des Körpers verliehen sei, welche sie nicht sinken lasse, bald auf den Satz: „Das Wasser nehme die nicht in seinen Schoß auf, welche das Taufwasser – bei der Lossagung vom christlichen Glauben – von sich geschüttelt hätten." Eine andere Vorstellung beruhte darauf, dass Hexen sehr leicht sein mussten, um fliegen zu können und daher nicht untergehen konnten. Das Schloss Lauenau (auch *Amtsschloss* wegen des Sitzes des Amtes Lauenau) war Jahrhunderte lang Gerichtssitz der Welfen und der Schaumburger Grafen.

[41] RAINER WALZ, Hexenglaube und magische Kommunikation im Dorf der frühen Neuzeit – Die Verfolgungen in der Grafschaft Lippe (Forschungen zur Regionalgeschichte, 9), Paderborn 1993, S. 182.

[42] Wikipedia – die freie Enzyklopädie. Vgl. CLAUDIA STEIN-LASCHINSKY, Zwei Wittenberger Gutachten in Schaumburger Hexenprozessen, in: Niedersächsisches Jahrbuch für Landesgeschichte (NsJbLG) 65, 1993, S. 339 ff.

Um 1675, mit personellen Veränderungen an der Rintelner Juristen-Fakultät, trat eine Kehrtwende der Gutachter-Praxis der Universität Rinteln ein. Verfahren wurden nun konsequent abgelehnt beziehungsweise niedergeschlagen. Rechtswissenschaftler, wie Heinrich von Bode (1652–1720), traten an die Spitze der Gegner der Verfolgungen.

Ein Endpunkt wurde erst 1716 in Lemgo mit der Publikation der Schrift „Unvorgreifliche Gedanken, und *monita*, wie ohne blinden Eyfer und Uebereilung mit denen Hexen-Processen und der Inquisition wegen der Zauberey, an Seiten des Richters sowol, als des Königlichen *Fiscalis*, und *Defensoris*, in den Königlichen Preußischen, und Churfürstlichen Brandenburgischen Landen, ohnmasgeblich zuverfahren" gesetzt, wo es zuvor rund 150 Hexenprozesse gegeben hatte.[43]

Ottensen

Die älteste Beschreibung von Ottensen stammt aus dem Jahre 1840 und befasst sich als einzige mit dem Ursprung des Ortes selbst. Der kurhessische Artillerie-Capitain Ferdinand Pfister (1800–1886) beschreibt in seiner Darstellung des „Kreises Schaumburg" unter anderem die Aussicht von Ottensen: „Von hier übersieht man die reiche Ebene, strotzend von Getreide, Saamen- und Leinfeldern, und fetten Wiesen, und eine Menge von Oertern, in obstreiche Gärten gehüllt." Im westlichen Tel der Ebene erblickte er „Ottensen, so genannt, weil seine ersten Höfe unter Graf Otto V. ums Jahr 1550 angelegt wurden, liegt am südlichen Rande des Duhlaholzes mit Förstersitz." Vielleicht handelte es sich hier um einen Druckfehler, vielleicht irrte der Heimatkundler: Zu der besagten Zeit regierte nicht Otto V., sondern Graf Otto IV. von Holstein-Schaumburg, nämlich von 1544 bis zu seinem Tode 1576.[44]

Rodenberg

Die Türkensteuer („Gemeiner Pfennig" oder auch „Reichspfennig") war eine allgemeine Vermögens- und Kopfsteuer im 16. Jahrhundert, welche zunächst zur Deckung der Kosten einer dem Kaiser Friedrich III. (1415–1493) aus dem Hause Habsburg gegen die „ungläubigen Türken" zu leistenden bewaffneten Hilfe erhoben wurde. Sie wurde von den Fürsten und Adeligen eingezogen und

---

[43] Die Hexenverfolgung in Lemgo hat überwiegend zwischen 1509 und 1681 stattgefunden. Im Stadtarchiv Lemgo sind rund 200 Prozessakten erhalten und gehören damit zu den umfangreichsten lokalen Zeugnissen von Hexenprozessen in Deutschland. Aus ihnen geht hervor, dass den Prozessen schätzungsweise 250 Menschen zum Opfer fielen, davon die Hälfte ab 1653. Tatsächlich dürfte die Zahl aber höher sein. (Wikipedia – die freie Enzyklopädie.)
[44] FERDINAND PFISTER, Kleines Handbuch der Landesgeschichte von Kurhessen, Kassel 1840, S. 195. Zur Regierungszeit des Grafen Otto IV.: GUDRUN HUSMEIER, Graf Otto IV. von Holstein-Schaumburg 1517–1576: Landesherrschaft, Reichspolitik und Niederländischer Aufstand (Schaumburger Studien; 60), Bielefeld 2002. Zur Geschichte von Ottensen: MATTHIAS BLAZEK, „Unbekanntes Dorf Ottensen", Schaumburger Wochenblatt vom 9., 20. und 30. Januar 1993.

diente am Ende dazu, die Türkenkriege zu finanzieren. Wilhelm Bach schreibt in der „Kirchenstatistik der evangelischen Kirche im Kurfürstenthum Hessen":[45]

Vor alten Zeiten hat in oder vor Rodenberg eine Capelle gestanden, von welcher aber längst keine Spur mehr übrig ist.

Das unbedeutende Kirchenvermögen hat seit der Reformation nicht geringe Verluste erlitten. In dem Kriege, welchen der Kaiser Rudolph II. von 1595 bis 1606 gegen die Türken führte, mußte diese Kirche – gleich den übrigen der Grafschaft – fast jedes Jahr eine sogenannte Türkensteuer, zusammen mehr als 163 rthl. bezahlen. Um diese aufzubringen, mußte ein Theil ihres alten Silbergeräthes verkauft werden. Auch im dreißigjährigen Kriege trug es dieser Kirche wieder, allein während der J. 1623–1632, an außerordentlichen Steuern 66 rthl., und ihre noch übrigen heiligen Gesäße gingen nebst vielen Kirchenliteralien verloren, als die Sakristei, worin man sie aufbewahrte, im J. 1643 von feindlichen Soldaten erbrochen und geplündert wurde.

Sachsenhagen

Sachsenhagen verfügte über ein Landgericht mit hochgerichtlichen Funktionen, das alte „Halsgericht".[46] Im 16. Jahrhundert gehörte es, wie der Pfandbrief für den Drosten Hermann von Mengersen vom Jahre 1571 ausweist,[47] tatsächlich zum Zubehör von Schloss und Amt. Dieses Gericht hatte, wie Rudolf Feige (1910–1968), Leiter des Stadtarchivs Hameln, feststellte, „wie sein Name sagt, hohe wie auch niedere Gerichtsbarkeit und verlor erst unter der Regierung des Grafen Ernst gleich den übrigen schaumburgischen Ämtern seine kriminalgerichtlichen Befugnisse an das Hofgericht".

1595 hatte das Amt noch die Zivil- und Kriminaljurisdiktion, und auch 1598 wurden noch Sachsenhagener Halsgerichte gehalten.[48] Aus Paragraph 36 der

---

[45] WILHELM BACH, Kirchenstatistik der evangelischen Kirche im Kurfürstenthum Hessen, Kassel 1835, S. 483 f. Von Sachsenhagen ist das Türkenschatz-Register von 1549 erhalten geblieben. Im „Vleck Sassenhagen" zahlten damals 170 Personen die Kopfsteuer, im ganzen Amt Sachsenhagen 1110 Personen. (HEINRICH MUNK, Sachsenhagen: Burg – Flecken – Stadt, Sachsenhagen 1985, S. 30 ff.)

[46] Halsgericht ist ein veralteter Ausdruck für ein Gericht, welches über schwere, mit harten Leibes- oder Lebensstrafen bedrohte Verbrechen abzuurteilen hatte.

[47] Hermann von Mengersen d. Ä. (1520/25–1593) war ein einflussreicher Berater der Schaumburger Grafen. Er stammte aus dem Lippischen, wo ihm ausgedehnte Besitzungen gehörten. Seit 1559 ist er im Dienst des Schaumburger Grafen Otto IV. als Drost zu Rodenberg (und Sachsenhagen und Stadthagen) nachweisbar. Damals wirkte er entscheidend bei der Einführung der Reformation in der Grafschaft Schaumburg mit. Otto verpfändete ihm 1571 für 45 000 fl (Gulden) Schloss und Amt Sachsenhagen samt allen Rechten. 1584/85 übertrugen der Schaumburger Graf und der Bischof von Minden den Besitz des Wasserschlosses Hülsede an Hermann von Mengersen, dessen Nachkommen bis heute das Schloss und die Ländereien besitzen. Er starb 1593 und wurde in Bergkirchen begraben. Sein ältester Sohn war Hermann von Mengersen (1562–1638), Drost zu Rodenberg. (CARL-HANS HAUPTMEYER, Souveränität, Partizipation und absolutistische Kleinstaat, Hildesheim 1980, S. 106, ALIDA GUNDLACH (Hrsg.), Herrenhäuser in Niedersachsen, Bd. 1, Hannover 2002, S. 117.)

[48] WILHELM VON HODENBERG (Hrsg.), Calenberger Urkundenbuch, Dritte Abtheilung: Archiv des Stifts Loccum, Hannover 1858, Urk. 982: Die Gebrüder Adolf und Ernst, Grafen von Hol-

Amts- und Hausordnung des Grafen Ernst vom Jahr 1615, die die Bestimmungen der Polizeiordnung ergänzt, geht hervor, dass damals alle Kriminalsachen vor die Bückeburger Regierung, das heißt, das aus ihren Mitgliedern gebildete Hofgericht, gehörten und damit den Ämtern entzogen waren.
1651 wurde zu Sachsenhagen das Landgericht abgehalten.[49]

Sachsenhagen

Nach zähen Verhandlungen schloss der regierende Graf Adolf XIV. mit dem jüngeren Halbbruder Ernst von Holstein-Schaumburg am 13. Dezember 1595 einen Vergleich, der dem jüngeren Bruder als Abfindung die Niedergrafschaft Schaumburg – der Ämter Sachsenhagen, Hagenburg und Bokeloh – zusprach. Der Vergleich war durch die Vermittlung einer kaiserlichen Kommission zustande gekommen, und Kaiser Rudolf II. in Prag bestätigte ihn am 29. August 1596.[50]

Die Teilung und Neuordnung der Grafschaft nach 1600 bis 1900

1600

Sachsenhagen

Am 2. Juli 1601 starb Graf Adolf, sodass Graf Ernst nach Stadthagen zog, um dort im Schloss die Gesamtregierung über die Grafschaften in Holstein (mit Verwaltungssitz in Pinneberg) und Schaumburg von seinem verstorbenen Halbbruder zu übernehmen. Er sanierte die Landesfinanzen. Das Land erlebte eine wirtschaftliche Blüte und wurde neu geordnet.

Im „Kriegs und Friedens Spiegel" des Dichters und Pfarrers Johann Rist (1607–1667) verlautete 1640 in *Versu 1302*:[51]

Vnd du mein Pinnenberg/ worvnter ich gebohrett) dieses ist ein Schloß in Stormahlen gelegen/von vndencklichen Jahren hero den Graffen von Hollstein vnt Schawen=Burg gehörig/vnd ist zwar das vornehmste in diesem Lande/welches itziger Zeit die Graffschafft Hollstein oder Pinnenberg wird genen-

---

stein, Schauenburg und Sternberg, verglichen sich mit dem Abt und Konvent zu Loccum hinsichtlich des Dorfes Wiedensahl, 21. Juli 1598. „.... in ihrer Mitte soll vom Abte nach altem Herkommen je alle 3 oder 4 Jahre Gericht gehalten und dies dem Amte Sachsenhagen vorher angezeigt werden; bei etwaigen Appellationen in demselben sollen die Acten an eine Juristenfacultät versandt werden, die peinliche Gerichtsbarkeit über Wiedensahl und sein Gebiet dem Abte überlassen werden ..."

[49] GÖTZ LANDWEHR, Die althannoverschen Landgerichte, Hildesheim 1964, S. 154. Wo sich die Gerichtsstätte befand, lässt der in der Sachsenhagener Feldmark vorkommende Flurname „Unter dem Gerichte" erkennen, der bereits durch ein Haferzinsregister vom Jahr 1596 bezeugt ist.

[50] Fürst Ernst, Graf von Holstein-Schaumburg (1569–1622), Veröffentlichungen der Niedersächsischen Archivverwaltung, Beiheft 10, Göttingen 1969, S. 8.

[51] JOHANN RIST(EN), Versu 1302, in: Kriegs und Friedens Spiegel, Hamburg, gedruckt bei Jacob Rebenlein, in Verlegung Zacharias Härtel, 1640, o. S.

net: Denn/ob wol im Jahr nach Christus Geburt 1390. die Graffen von Schowenburg sich durch die Graffen von Hollstein mit einer Summa Geldes von dem Wager=Lande haben abkauffen lassen/so haben sie doch die drey Aempter/als Pinnenberg/ Hatesburg vnd Barmstädt durch ein absonderliches bedinge für sich behalten. Das Schloß Pinneberg ligt an einem sumpffigen Orte/ist ziemlich fest/hat noch für weinig Jahren eine starcke Belagerung (in welcher es hefftig beschossen worden wie der Augenschein annoch bezeuget) von dem Herzogen von Fried=Land vnd Graffen von Tilli (welcher darüber in einen Schenckel verwundet worden) außgestanden.

Nicht nur der Dienst mit der Waffe wurde von den Bürgern gefordert, sondern auch gewisse Dienstleistungen niederer Art, denen der Flecken in gleicher Weise unterworfen war wie die Landgemeinden. Hierhin ist die landesherrliche Jagdfolge zu rechnen, von der Sachsenhagen erst 1605 durch ein Privileg des Grafen Ernst befreit wurde. Seitdem waren die Bürger nicht mehr verpflichtet, „uf die Jagden, es sein hohe oder niederige Jagden ... zu folgen". Lediglich zur „Wolffs Jagt, dazu das gantze landt muß helffen", hatten sie zur erscheinen. Als deshalb Graf Hermann 1622 die Sachsenhagener Einwohner zur Schweinejagd aufbieten ließ, verwiesen sie auf ihr Privileg, waren aber bereit, „sich einzustellen und solche verrichten zu helfen", nachdem ihnen der Graf die schriftliche Zusicherung gegeben hatte, „daß dieses nicht als ein Pflicht oder debitum, sondern wie ein precarium oder gratuitum soll aestimieret und gehalten werden". Auch anlässlich der erwähnten Wolfsjagd ließen sie sich bestätigen, „daß allsolche Hülfe ihnen an ihrer Frei- und Gerechtigkeit nicht schädlich sein solle".[52]

Eine Wolfsjagd, an der auch die Bürgerschaft teilnahm, wurde in Sachsenhagen von Katharina Sophie, der Witwe Graf Hermanns von Holstein-Schaumburg, 1657 veranstaltet.[53] Dass im 17. Jahrhundert die Wölfe noch eine Landplage bildeten, zeigt beispielsweise auch die ständig wiederkehrende „Ausgabe wegen der Wölfejagd" in den Stadtrechnungen von Hessisch Oldendorf (1630 ff.).[54]

---

[52] FEIGE, wie oben, S. 151, mit Verweis auf Stadtarchiv Sachsenhagen Urk. 10 (Privileg von 1605), Urk. 16 (Schweinejagd 1632) und Urk. 28 (Wolfsjagd 1657).

[53] Graf Hermann von Schaumburg (1575–1634) hatte Katharina Sophie, eine Tochter des Herzogs Otto II von Braunschweig-Harburg, am 26. Februar 1609 geheiratet. Die Ehe blieb kinderlos. Graf Hermann und seine Frau lebten ab 1620 in Sachsenhagen. Das dortige Schloss, das Fürst Ernst 1597 bezogen und ausgebaut hatte, war 1619 teilweise abgebrannt. Graf Hermann starb am 15. Dezember 1634 im Alter von 63 Jahren und wurde am 4. Juni 1635 in Stadthagen begraben. Nach dem Tod des letzten männlichen Sprosses der Grafen von Schaumburg lebten nur noch drei Frauen, und zwar die Fürstin Hedwig, Katharina Sophie, Witwe des Grafen Hermann und die Mutter Ottos V., die Gräfin Elisabeth, die am Ende alle heftig um das Erbe stritten. Katharina Sophie überlebte Graf Hermann um mehr als 20 Jahre und starb am 18. September 1665. (Niedersächsische Lebensbilder, Band 9, hrsg. v. OTTO HEINRICH MAY, Hildesheim 1976, S. 41.)

[54] Vgl. „Über die Wolfsjagd in Schaumburg", in: Schaumburger Heimatkalender 60, Rinteln 1988, S. 102 ff., GERD VAN DEN HEUVEL, „Wolfsjagden in Niedersachsen vom 16. bis zum 19. Jahrhundert", in: Niedersächsisches Jahrbuch für Landesgeschichte 76, Hannover 2004, S. 71 ff. Die Bestände des Staatsarchivs Bückeburg zur Wolfsjagd sind erschlossen durch BRAGE BEI DER WIEDEN.

Um das Jahr 1680 scheinen in der Gegend des Steinhuder Meeres und im benachbarten Schaumburger Wald zum letzten Mal Wolfsjagden gehalten worden zu sein. Sie wurden der Regel nach durch ein Schreiben des Oberjägermeisters am herzoglichen Hof dem Kloster angekündigt und dieses aufgefordert, aus allen seinen untergebenen Dorfschaften, und zwar Haus bei Haus, ein oder zwei Mann mit Barte zu stellen.[55]

Apelern

Magister Anton Nothold in Lindhorst übertrug im Jahre 1625 „vmb der nachkommen willen" die Worte einer Bittschrift der Geistlichen von Apelern, Grove und Lindhorst an Graf Jobst Hermann von Schaumburg-Holstein (1593–1635) in die „Historia Linthorstana". Gerichtet wurde das Supplikation an: „Dem Hochgebornen Graffen vnd Herrn, Herrn Jobst Herman, Graffen zu Holstein Schaumburgk, hern zu Gehmen vnd Bergen vnsern gnedigen Graffen vnd Herrn". Unterm 10. Januar 1625 unterschrieben die „Vnterthenigen Diener am wort gotteß":[56]

LL Anthonius Menschingius Pastor zu Apelern
M. Anthonius Notholdus Past. zu Linthorst
M. Johannes P. Orsaeus zu Grove

Sachsenhagen

Sachsenhagen wurde im Jahre 1619 am Sonntag nach *Heilige Ursula* (21. Oktober), das war der 24. Oktober, von einer Feuersbrunst eingeäschert. Vom Adelshof derer von Holle (ab 1647 von Wietersheim), auf der Vogel-Weide (heutige Wietersheimstraße) an der Westmauer ausgehend, vernichtete das Feuer bis auf den 1607 erbauten Stadtkeller am Markt, Teile am Schloss und zwei Wohnhäuser den gesamten Flecken.[57] Die Einwohner waren zu der Zeit zum Gottesdienst in Bergkirchen. Nur Greise und Kinder sollen zuhause gewesen sein.

Dem kleinen Ort wurde damit, vor allem durch Vernichtung von Kirche und Schule, ein Schaden zugefügt, der, als noch die Wirkungen des Dreißigjährigen Krieges hinzukamen, erst lange nach der Jahrhundertmitte wieder ausgeglichen werden konnte. Pfarrer zu Bergkirchen war damals (bis zu seinem Tod im Jahre 1647) der aus Minden stammende Erich Spilker, der am 22. November 1587 in Helmstedt immatrikuliert hatte.[58]

---

[55] Zeitschrift für Kirchenrecht, hrsg. von EMIL FRIEDBERG und RICHARD DOVE, Tübingen 1884, S. 45.
[56] Historia Linthorstana, Caput VII, Doppelseiten 57–62 (= S. 115–125).
[57] Nach Sachsenhagen und Umgebung auf alten Postkarten im Wandel der Zeit, hrsg. vom HEIMATVEREIN SACHSENHAGEN-AUHAGEN E.V., Sachsenhagen 1995, S. 11 und 21, blieben das alte Domänengebäude aus dem 15. Jahrhundert (1966 abgebrannt) und das neben Neubauten der Jahre 1621 und 1622 an der Mittelstraße stehende Haus von F. C. Gerlach aus dem Jahre 1530 erhalten.
[58] FRIEDRICH WILHELM BAUKS, Die evangelischen Pfarrer in Westfalen von der Reformationszeit bis 1945, Bielefeld 1980, o. S.

Magister Anton Nothold notierte später in der „Historia Linthorstana", die sich noch als Manuskript im dortigen Pfarrarchiv befindet:[59]

Eß sein fur alterß zwei Capellen zu der kirchen zu Linthorst gehörigk gewesen, die eine ist gewesen in castro Saxenhagen auf der burgk Sachsenhagen, mit einem altar, vber welchem der Priester von Linthorst hat müssen Meßen leßen, (...) Diese Capelle ist von der Burgk in das Flecken Sachsenhagen transferiret, vnd ist darin geprediget, vnd die Bethglocke geleutet, biß daß Anno 1619 deß Sontages nach Vrsulen, da alleß Volck hinauf in die Kirchen gangen, auf der Vogelweiden in der von Hollen furwergk [Vorwerk] ein fewer entstanden, dadurch der ganze flecken, vnd auch diese Capelle verbrandt vnd verdorben ist. Es hatten die von Sachsenhagen einen keller gebawet, bei ihr brewhauß, vnd denselben von stein meuren lassen, auf selbigem keller ward viel Boßheit getrieben mit hawen, stechen, todt schlagen, fluchen, lestern vnd schenden so woll am Sontage vnter der Predigte, alse sonst zu andern Zeiten, Dieweill nun die vorige Woche deß Vnwesens auf selbigem keller von den Sachsenhägern getrieben viell getrieben war, hatt der herr Amptman Lorenz Drevell von wegen seines gnedigen fürsten und hern Amtes halber einen Ernst thun mußen vnd dem Burgemeister derwegen Instruction gethan: dem zu folge hatt der Burgemeister deß Sontageß fur der Predigt alle seine Burger auf dem Marckt fur den Keller gefohdert vnd in die meinung gesagt vnd ist darauf fur in hinauf nach Bergkirchen zur Predigt gangen.

Alse nun alle menner auß dem flecken hinauß gewesen ist daß fewer vnter der Predigt vfgangen, vnd ehe jemandes hatt wider kunnen herunter kommen, ist das fewer vber all gewesen, vnd hatt gott also ihre Sünden heimgesucht. Derwegen ist folgendes dahin gerhaten und geschloßen, daß an statt der verbranten Capellen, der keller solte wider instaurirt werden, damit hinfurth der gotteßdienst darin verrichtet würde; Also ist auß dem Saufhause, ein Betthauß worden.

Von gräflicher Seite sowie durch die Nachbarstädte wurde der Wiederaufbau Sachsenhagens unterstützt. Nach einer Notiz im Niedersächsischen Landesarchiv (Zeichen: CaBr. 30 II Bb Sachs. 1517–1619) schenkte Graf Ernst von Schaumburg den Einwohnern zum Wiederaufbau ihrer Häuser 1000 Eichenstämme und 600 Taler, seine Gemahlin 100 Taler und die Kinder des Grafen 200 Taler. Aufgrund eines Aufrufes des Grafen Ernst vom 8. November 1619 gingen von vielen regierenden Häusern, Städten und Gemeinden noch viele Spenden ein.

---

[59] Historia Linthorstana, Caput II, Doppelseite 16-17 (= S. 33-35). Orthographisch nachgebessert: CARL ANTON DOLLE, Bibliotheca historiae Schavenbvrgicae, in vier Teilen, Rinteln 1751, Anm. 300, vgl. HANS RAUSCH, Die Lindhorster Chronik des Magisters Anthonius Nothold (Mitteilungen für schaumburg-lippische Geschichte; zwölftes Heft), Bückeburg 1957. Sachsenhagen war damals nach Bergkirchen eingepfarrt, mit dem „Keller" ist der Ratskeller gemeint. Vgl. MUNK, Sachsenhagen, wie oben, S. 47. Über Nothold lies ausführlich: Zeitschrift der Gesellschaft für Niedersächsische Kirchengeschichte, Fünfter Jahrgang, unter Mitwirkung von Abt GERHARD UHLHORN und Professor PAUL TSCHACKERT hrsg. von KARL KAYSER, Braunschweig 1900, S. 365 ff.

An einigen Hausinschriften weist die Jahreszahl 1621/22 auf den Wiederaufbau hin. Im *Catastrum* der Stadt vom 21. November 1682 waren noch zehn Häuser als in Schutt und Asche liegend angegeben, darunter allein zwei Hausstellen im Besitz von Christoph Stackmann.[60]

Heinrich Julius von Wietersheim († 1669 in Stadthagen) studierte in Leyden und übernahm 1647 nach dem Tode des Vaters das Lehngut Stadthagen und Sachsenhagen. Sachsenhagen hatte bis weit in das 17. Jahrhundert keine eigene Pfarrkirche besessen, sondern nur eine Kapelle, die 1619 eingeäschert wurde. Die hessische Landgräfin Amalie Elisabeth erteilte diesem Flecken im Jahre 1650 die Gerechtsame einer Stadt und die Erlaubnis, eine Kirche bauen zu dürfen. „Bis dahin waren die Einwohner von Sachsenhagen bei einem ausländischen Dorfe, Bergkirchen genannt, eingepfarrt."[61]

Segelhorst

Bei Segelhorst siegte 1633 Herzog Georg von Calenberg über den kaiserlichen General Jean de Merode. Am 28. Juni 1633 kam es zur Schlacht. Georg siegte, „weil die übrigen kaiserlichen Generale fast unthätig zusahen, und bei dem Zurückzuge Merode's sich selbst zurückzogen, und weil Kord Meyer, ein vormaliger Schäferknecht aus Segelhorst, nachher cellischer General, dem alle Zugange zum feindlichen Lager bekannt waren, sich mit so unwiderstehlicher Gewalt in die Verschanzungen eindrängte, daß Alles wich. Die Reiterei floh; 7000 Kaiserliche vom Fußvolk wurden niedergehauen; alle Kriegsrüstung und alles Geschütz, nebst 70 Fahnen fielen dem Sieger in die Hände, der nur einige hundert Soldaten verlor. Merode und Quad blieben auf der Wahlstatt."[62]

Georg Landau schreibt 1842:[63]

Segelhorst, Kirchdorf, an den Höhen nördlich über Oldendorf, mit einer Pappdeckelfabrik, 61 H. und 380 E. Im J. 1633 wurde hier ein blutiges Treffen geliefert. Der kaiserliche General Graf von Merode zog mit 15,000 Mann von Minden herauf, um Hameln zu entsetzen, während Herzog Georg von Braunschweig mit dem schwedischen General-Feldmarschall v. Kniphausen von Hameln aufbrechend, ihm entgegen rückte. Nachdem auch der hessische General Melander noch zu ihm gestoßen war, trafen die Verbündeten am 28. Juni den Feind bei Segelhorst. Die Stellung der Kaiserlichen war aber so fest, daß der Herzog mit dem Angriffe zögerte. Doch in diesem Augenblicke der Verlegenheit fand sich ein Rittmeister, Kurt Meier, der ehedem zu Segelhorst als Schäferknecht gedient hatte, und die Reiterei auf ihm wohlbekannten Fußsteigen dem kaiserlichen Heere in den Rücken führte. Die kaiserliche Reiterei ergriff die Flucht, das verlassene Fußvolk aber wurde zusammen gehauen. Das kaiserliche Heer verlor

---

[60] MUNK, Sachsenhagen, wie oben, S. 67 ff.
[61] CONRAD WIEGAND, Erdbeschreibung des Kurfürstenthums Hessen nach der neuesten Staatseintheilung abgefaßt und zum Gebrauche für Bürger- und Volksschule eingerichtet, 3. Aufl., Kassel 1826, S. 126.
[62] Sprenger's Geschichte der Stadt Hameln, bearb. vom AMTMANN VON REITZENSTEIN, 2. vermehrte und verbesserte Aufl., Hameln 1861, S. 77.
[63] LANDAU, wie oben, S. 358.

6572 Todte, über 3000 Gefangene, 49 Fahnen und 15 Geschütze, während der Herzog nur 60 Todte und 180 Verwundete zählte. Auch Merode, der feindliche Heerführer, war verwundet und starb an seinen Wunden. Von den größten Folgen war dieser glänzende Sieg.

Grafschaft Schaumburg

Mit Herzog Otto V. von Holstein-Schaumburg (Holstein-Schauenburg) starb im Jahre 1640 das Schaumburger Grafenhaus aus. Otto, 1616 geboren und seit 1635 im Amt, starb wenige Wochen nach einem größeren Trinkgelage unter Heerführern in Hildesheim.[64]

Gegen Ende des Dreißigjährigen Krieges fand in Hildesheim im Oktober 1640 eine Zusammenkunft mehrerer schwedischer und französischer Generale und Gesandter statt. Die Teilnehmer berieten bei dieser Gelegenheit den Feldzugsplan für das kommende Jahr. Auch sollten die „Misshelligkeiten" zwischen den Führern ausgeglichen werden. Von schwedischer Seite nahmen an der Konferenz unter anderem die Heerführer Johan Banér, der sein Hauptquartier in Bückeburg genommen hatte (er hatte auch zum Konvent eingeladen), Lennart Torstensson, Carl Gustaf Wrangel, Johann Graf von Sayn-Wittgenstein und Herzog Georg von Braunschweig und Lüneburg, ferner der französische Marschall Jean Baptiste Budes de Guébriant, Nachfolger Longueville's im Oberbefehl, Prinz Christian von Hessen und Graf Otto V. von Holstein-Schaumburg teil. Gesandter von Celle war Kanzler Dr. Heinrich Langerbeck (1603–1669).

Die Konferenz endete am 28. Oktober mit einem Gastmahl, das sich nach den Aussagen der Geschichtsschreiber zu einem größeren Trinkgelage oder gar Saufgelage entwickelte. Der Hildesheimer Arzt und Chronist Dr. Jordan berichtete unter dem 30. Oktober/9. November 1640:

General Johann Banner kompt herein und wurde zweimahl 2 Schwedische Salve vom Hohen Rundel mit Stücken gegeben. Aus 2 Stücken umb 2 Uhr da kamen erstlich die Weymarschen. Er, Banner, kam umb 7 Uhr zur Nacht, – da auch 2 Stücke mehr gelöset wurden – , hatte bey sich Obristwachtmeister Pfuhl [Pfuel; BW], Wittenbergk, Schleng [Slange; BW] (und) Königsmarck, die Obristen Herr von Tzerotin [Bernhard von Žierotin; BW], ein Mährischer Freiherr, Zabellitz [Zabeltitz; BW], den jungen Wrangel, Hake, Mortaigne, Hoikking [Heuking; BW], Steinbock [Steenbock; BW], Bellingkhusen [Bellinghausen; BW], Gregersohn [Andeflycht; BW]. It. Ein Markgraf [Friedrich VI.; BW] von Durlach, des Banners Schwager. Von der Heßischen Armee war Obrist von Gundroth, von Braunschweig Bohn; von Zelle D. Langerbeck.

---

[64] Lebensdaten nach: Geheime Geschichten und rätselhafte Menschen, Sammlung verborgener oder vergessener Merkwürdigkeiten, Zweite Aufl., 9. Band von FRIEDRICH BÜLAU, Leipzig 1864. HELGE BEI DER WIEDEN nennt 1617 als Geburtsjahr (Fürst Ernst Graf von Holstein-Schaumburg und seine Wirtschaftspolitik, Bückeburg 1961, S. 185), laut BRAGE BEI DER WIEDEN 1. März 1614 (Handbuch der niedersächsischen Landtags- und Ständegeschichte, Bd. 1: 1500–1806, Hannover 2004, S. 174).

Von der Weimarschen Armee (die) Directoris Obrist Comte de Guebrian, Otto Wilhelm, Graf von Nassaw, Oheimb. It. Mons. Glocsi, Gräl.-Intendant Extraordinari.

Ferner Herzog Philipp Ludwig von Holstein, Rittmeister, Landgraf Christian von Hessen, Caßelscher Linie Maximiliani Filius,[65] Graf Otto von Schomburg [Schaumburg; BW]. Diese letzten beiden nebst den Herrn Tzerotin starben über ein wenig Tagen innerhalb 24 Stunden.[66]

In der Hannoverschen Chronik (1907) heißt es dazu:

Den 1., 2., 3. und 4. Nov. ist zu Hildesheim die schädliche Gasterey gehalten, da I. F. G. Hertzog Georg den Bannier und andere Schwedische Officirer zu Gaste gehabt, und weidlich banquetiret. Der junge Graf von Schaumburg, der letzte dieser Familie, ist gestorben, weiln er den Dingen zu viel gethan auf dieser Gasterey, der junge Graf von der Lippe hat auch eine harte Krankheit ausgestanden, der Schwedische Commandant in Erfurt[67] *ist gestorben, wie auch Hertzog Georg und Bannier selbst widerfahren,* non sine suspicione veneni.[68]

Schon der Zeitgenosse Dr. Jordan, der auch Tilly und Anholt behandelt hatte, hatte Giftmord vermutet: „ihnen war ein vergifteter Wein von einem französischen Mönch zubereitet worden, darbey die Catholiken ihre Freude noicht wohl verbergen kunten (...) der Landgraf von Heßen Christian und der graf von Schaumburg, welche reichlich davon getrunken, sind gleich des Todtes geblieben. Herzog Georg und Baner, denen es am ersten gelten sollte, waren etwas mäßiger und also verzog sich das Unglück mit ihnen bis auf den künftigen Frühling."[69]

Da einige der Gäste unmittelbar nach dem Essen starben, vermuteten die Zeitgenossen vergifteten Wein als Todesursache.[70] „Nur die französischen Heerführer der Weimaraner Truppen waren gesund geblieben, so daß ein damals auftauchendes Gerücht, den deutschen Ketzern habe ein französischer Jesuit Gift in den Wein getan, vielfach Glauben fand", schreibt Wilhelm von Wersebe 1928 in der „Geschichte der hannoverschen Armee".

Von den Teilnehmern des großen „Hildesheimer Banquet" oder „Banerschen Trinkgelages" starben „mehrere der angesehensten deutschen Theilnehmer", so die Allgemeine Deutsche Biographie 1878. Prinz Christian von Hessen, 18 Jahre alter Sohn des Landgrafen Moritz von Hessen-Kassel und seiner Ehefrau Juliane von Nassau-Dillenburg, starb sehr bald, am 14. November 1640 in Bückeburg, Graf Otto V. von Holstein-Schaumburg erlag tags darauf mit 26 Jahren. Mit ihm sank der letzte männliche Spross des Hauses Schaumburg ins Grab.

---

[65] Mauritii Filius.
[66] HANS SCHLOTTER, Acta bellorum Hildesiensium, Tagebuch des Dr. Conrad Jordan von 1614 bis 1659, Hildesheim 1985, S. 327.
[67] Erfurt; HHSD IX, S. 100 ff.
[68] OTTO JÜRGENS, Hannoversche Chronik, Hannover 1907, S. 537 f.
[69] SCHLOTTER, wie oben, S. 328.
[70] Ebenda.

Graf Otto V. von Holstein-Schaumburg war am 5. November von Hildesheim aufgebrochen und am 7. November in Bückeburg eingetroffen. In Stadthagen hatte er sich nicht mehr auf dem Pferd halten können. Mit einem Wagen wurde er nach Bückeburg gebracht, wo er am 15. November 1640 (kinderlos) starb. Er wurde erst am 6. Juli 1642 gemeinsam mit seinem Vorgänger, Graf Jobst Hermann von Holstein-Schaumburg, „der fürchterlichen Kriegsläuffe wegen", in Stadthagen beigesetzt. Gräfin Elisabeth, die Mutter des Grafen, hatte die Trauerfeier ausgerichtet.[71]

Feldmarschall Johan Banér, „der schwedische Löwe", ohnehin schon seit längerem durch Krankheit und Kriegssorgen geschwächt, starb einem Monat vor seinem 45. Geburtstag, am 10. Mai 1641, in Halberstadt. „Keiner von den übrigen Teilnehmern hatte langes Leben", schreibt der Historiker Wilhelm Wachsmuth 1863 in seiner „Geschichte von Hochstift und Stadt Hildesheim". „Ob eine Vergiftung durch einen Französischen Pfaffen stattgefunden habe, ist wohl zu bezweifeln", so Wachsmuth.

Über Georgs Ende erzählt Wilhelm Havemann in seiner „Geschichte der Lande Braunschweig und Lüneburg" (1837): „Herzog Georg fühlte sich bis zum Tode ermattet; selten konnte er das Bett verlassen; nur sein starker Geist blieb sich gleich und ordnete für die Zukunft, weil er das Ende seiner Tage vor Augen sah. Als er am 2. April 1641 zu Hildesheim starb, erhob sich lautes Wehklagen im Lande. Seine Leiche wurde in der Gruft zu Celle neben den Sargen seiner Vorfahren beigesetzt." Herzog Georg, der ab 1636 in Calenberg und Göttingen regiert hatte, hinterließ vier Söhne. Die Allgemeine Deutsche Biographie fasst auf Seite 634 zur Person zusammen: „Nicht nur ein tüchtiger Feldherr, mehr noch ein gewiegter Diplomat, weiß er sein Schwert und seine Macht auf diejenige Seite zu werfen, die ihm augenblicklich am meisten Vortheil bietet. Je nach der politischen Constellation ergreift er heute diese, morgen jene Partei, bestimmend für ihn ist in erster Linie das eigene und dann das Interesse des braunschweig-lüneburgischen Gesammthauses."

Die Theorie von einer Vergiftung der (protestantischen) Teilnehmer blieb unbewiesen und wird auch nicht überall geteilt. „Man sagte damals, ein französischer Mönch habe in Hildesheim die Helden der Protestanten vergiftet; wer aber auch nur das Geringste von den Trinkproben weiß, welche in jener Zeit jeder Diplomat und Militär bestehen mußte, wird dies lächerlich finden", schreibt der Historiker Friedrich Christoph Schlosser 1852 in seiner „Weltgeschichte für das deutsche Volk".

Das *Theatrum Europaeum, oder Historische Beschreibung aller vornembsten und denckwürdigsten Geschichten so sich hin und wieder in Europa sonderlich im Reich Teutscher Nation A° 1638 biß A° 1643 begeben* berichtet im IV. Band (Frankfurt am Main 1692) auf Seite 251, die Gäste hätten alle die „Sauf-Krankheit" bekommen, woran der Graf von Schaumburg gestorben sei.

---

[71] Niedersächsische Lebensbilder, wie oben, S. 46.

Mit Otto V. erlosch das Haus Holstein-Schaumburg. Durch den Tod des letzten Grafen von Schaumburg fielen dessen Besitzungen an Holstein.

Sofort nach dem Tod des letzten Schaumburgers erhob das welfische Haus verschiedene Ansprüche an dem Nachlass desselben. Denn Graf Otto V. von Schaumburg hatte von Erich dem Jüngeren das Amt Lauenau als Belohnung für seine Dienste zu Lehen erhalten und dafür die Ämter Bokeloh und Mesmerode dem Herzoge zu Lehen aufgetragen.[72]

Noch am Todestag ihres Sohnes ließ die Mutter des Verstorbenen, Elisabeth von Holstein-Schaumburg (1592–1646), geborene Gräfin zur Lippe, Tochter Simons VI. zur Lippe, sämtliche Ämter der Grafschaft Schaumburg für sich in Besitz nehmen; das gelang ihr jedoch nur zum Teil. Die Witwe des Fürsten Ernst, Hedwig von Hessen-Kassel (1569–1644), die in Stadthagen ihren Witwensitz hatte, verbündete sich nämlich mit ihrer Schwägerin, der regierenden Landgräfin Amalie Elisabeth von Hessen-Kassel, und nahm für sie einen Teil der Grafschaft in Besitz.[73]

Elisabeth von Holstein-Schaumburg, damals 48 Jahre alt, blieb unter dem Schutz einer schwedischen Besatzung im Schlosse zu Bückeburg. Sie war unbestrittene Erbin des ganzen allodialen Hausvermögens, zu welchem auch die Herrschaft Bergen in Nordholland gehörte. Sie verkaufte letztere an einen Holländer und trat gleichzeitig die holsteinischen Besitzungen gegen eine Abfindung von 145 000 Talern an Dänemark und den Herzog von Holstein-Gottorp ab (Flensburger Vergleich vom 10. März 1641).[74]

Wenige Tage vor ihrem Tod am 19. Juni 1646 verfügte Elisabeth, dass ihr Bruder Philipp, Graf zur Lippe, den sie bereits 1643 zum Haupterben bestimmt hatte, „als declarirter Successor der Grafschaft Schaumburg und unser eingesetzter Erbe die Grafschaft Sternberg bei der Grafschaft Schaumburg haben und behalten soll".[75]

Nach längeren Verhandlungen wurde 1647 die Aufteilung der alten Grafschaft Schaumburg in mehreren Verträgen besiegelt. Die Bevollmächtigten Hessens und Lippes einigten sich in Münster am 9./19. Juli 1647. Schweden stimmte zu. Die Urkunde ist übertragen in den „Regesta Schaumburgensia" (1853):[76]

---

[72] WILHELM HAVEMANN, Geschichte der Lande Braunschweig und Lüneburg, zweiter Band, Göttingen 1855, S. 732.

[73] Vgl. MATTHIAS BLAZEK, „Schaumburg-Lippe im Wandel der Zeit", General-Anzeiger vom 25. Juli 1991, ders., „Schaumburg-Lippe", Schaumburger Wochenblatt vom 22. Mai und 5. Juni 1991, ders., „Hildesheimer Gastmahl wirkte sich für Schaumburger Grafen verhängnisvoll aus", Die Harke vom 14. und 21. August 1993.

[74] Artikel „Philipp, Graf zur Lippe" von AUGUST FALKMANN in: Allgemeine Deutsche Biographie, hrsg. von der Historischen Kommission bei der Bayerischen Akademie der Wissenschaften, Band 26 (1888), S. 8 ff.

[75] Zitiert nach FRIEDRICH WIEHMANN, „Bilder aus der Geschichte des Schlosses und des Fleckens Alverdissen", in: Gemeindebrief der evangelischen Kirchengemeinde Bega, 26.1977, Nr. 4, S. 20 f.

[76] Zeitschrift des Vereins für hessische Geschichte und Landeskunde, Fünftes Supplement, Regesta Schaumburgensia – Die gedruckten Urkunden der Grafschaft Schaumburg, Kassel 1853, S. 271.

Zu wissen, dass die Schaumburgische Aemter Schaumburg, Sachsenhagen, Bückeburg und Stadthagen dem Stifft Minden als ein angefallenes Lehn in der an Kayserlichen Hof-Gerichte zwischen ermelten Stifft und Frauen Elisabethen, Gräfin zu Schaumburg, geführten Rechtfertigung zuerkannt, aber von den Kayserlichen Plenipotentiiariis besagte mindische Aemter, – anstatt von der Cron Schweden Herrn Wilhelm den Fünfften, Landtgrafen zu Hessen, hiebe vor geschehenen Verehrung, – verwilliget worden, auch, – uff der königl. Majestät und dero Reichen Schweden Legati in Deutschland, des Herrn Johann Ochsenstirns, Interposition, – durch der Frau Landgräfin zu Hessen zu dem allgemeinen Friedens-Tractaten abgeordnete Reinhard Scheffern, Adolph Wilhelm von Grosig (Grosing), Johann Vultejum und Nicolaum Christoph Multdener, sodann Herrn Philipsen, Grafen zu Schaumburg und Lippe gevollmächtigte, Conrad Schlütern, David Pestein und Johann Wippermann, die Vergleichung vorgenommen: Sollen alle sieben schaumburgische Aemter, Rotenburg, Arensburg, Hagenburg, Schaumburg, Bückeburg, Sachsenhagen, Stadthagen, und also die ganze Grafschaft Schaumburg, Wilhelm dem Sechsten Land-Grafen zu Hessen und Graf Philipsen von Schaumburg gemein sein, in zwei gleiche Theile gesetzet und deren einen die Frau Landgräfin als Vormünderin eingeräumt, mit den anderen halben Theil aber von dem fürstlichen Hauss Hessen Graf Philips vor sich und Mann Leibes-Lehns-Erben und weiter nicht zu rechten neuen Mann-Lehen belehnet werden. Geschehen zu Münster den 9ten und 19ten Julii 1647.

Der Fürstlich-Hessische Rat und Regierungs-Archivar in Kassel Conrad Wilhelm Ledderhose (1751–1812) berichtet 1780 in seinen „Beyträgen zur Beschreibung des Kirchen-Staats der Hessen-Casselischen Lande":

„Die wirkliche Abtheilung geschah, dem am 12. Dec. 1647 in Münster geschlossenen Executions-Receß zufolge, in der Maße, daß Hessen die Aemter Schaumburg und Rodenberg, nebst den Städten Rinteln, Oldendorf, Obernkirchen und Rodenberg, sodann ein Stück des Amts Sachsenhagen, nemlich den damaligen Flecken gleiches Namens, und die Dörfer Auhagen und Düdinghausen; Graf Philip hergegen, die Aemter Bückeburg, Hagenburg, Stadthagen und Arnsburg, und den übrigen Theil des Amts Sachsenhagen bekam."[77]

Den Teilungsrezess ratifizierten Landgräfin Amalie Elisabeth und Graf Philipp am 11. August in Kassel.

Die auswärtigen Besitzungen fielen weg: Die Grafschaft Pinneberg und die Herrschaft Bergen wurden verkauft, die Herrschaft Gemen fiel an die Grafen von Limburg, die verpfändete Grafschaft Sternberg an Lippe. Auf die Stammlande an der Weser erhoben mehrere Parteien Anspruch. Braunschweig-Lüneburg zog das Amt Lauenau, die Vogtei Lachem, Mesmerode und Bokeloh ein – am 1. Oktober 1647 schlossen die braunschweig-lüneburgischen Abgeordneten, Justus Linden, Hofrat und Hofgerichts-Assessor in Celle, Paul Joachim von Bülau, Geheimer Kammerrat, und Joachim Wecke, Hofrat und Hofgerichts-

---

[77] CONRAD WILHELM LEDDERHOSE, Beyträge zur Beschreibung des Kirchen-Staats der Hessen-Casselischen Lande, Kassel 1780, S. 420.

Assessor in Hannover, mit den hessischen Gesandten den Vertrag zwischen Herzog Christian Ludwig von Braunschweig-Lüneburg und der Landgräfin:[78]

Zu wissen, — als zwischen Christian Ludewigen Herzogen zu Braunschweig und Lüneburg, und Philipsen, Grafen zu Schaumburg, Lippe und Sternberg, Irrungen sich angesponnen und Amelia Elisabetha, Landtgräfin zu Hessen, Vormünderin dero Sohns, Wilhelmen, sich dabei eingelassen, — dass dieselben nachfolgender massen beygelegt worden: als am 6ten Martii 1565 ein Vergleich getroffen, vermöge dessen nach Abgang des gräflich schaumburgischen Mannsstamms die Aemter Lauenau, Bockeloh und Messmerode dem Hause Braunschweig und Lüneburg, calenbergischen Theils, anheim fallen sollen, so ist beliebet, dass es dabei sein Verbleiben haben soll; auch haben allen Ansprüchen uff die im Amt Lauenau belegene Vogtey Hülssende, uff das Dachtelfeldt, auf den halben Zoll zu Wunstorff, den Bolenkoven und die Holtzunge, die Weyde genannt, Frau Landgrafin mit Herrn Philipsen renunciiret, dem gegen das Hauss Braunschweig Luneburg aller Prätensionen an das Amt Schaumburg sich verziehet. Demnach Hertzog Christian Ludwig Stadt Oldendorf samt den Vogteyen Vissbeck und Lachen, Inhalts des am 10. April 1573 aufgerichteten Vertrags, abzutreten begehrt, so ist verglichen, dass Hertzog Christian Ludewig nachbenahmte Dorfschafft und Höfe: Halter sdorf, Haverbeck, Scheffelstein, Herkendorf, Rodenbeeck und Demkerbruch, Posteholtz, Egge, Wahrenthai, Hemeringen und Lachen in Besitz zu nehmen befugt seyn, die übrige Stücke aber gedachter beyden Vogteyen, zusamt der Stadt Oldendorf, das Haus Hessen Cassel eigentümlich haben sollen, wie dann hierbei transigiret: da sich begeben würde, dass Landgraf Wilhelm und dero niedersteigender Mannstamm mit Tode abgehn sollte, dass dann den im Fürstenthum Calenberg regierenden Hertzogen zu Braunschweig und Lüneburg, Pötzen, Haddessen, Hovingen, Bentzen, Weibke, Vissbeck, Hauss Stau, Zertzen, Wickboltzen, Krückeberg und Barcksen, nach Abgang aber der rodenburgischen Linien, – als Hermann, Friedrichen und Ernsten, Gebrüdern, Landgrafen zu Hessen, und dero niedersteigenden Mannstamms, — alsdann die Stadt Oldendorf und alles übrige, wie solches im 1573 jährigen Vertrage enthalten, eigentümlich an- und heimfallen solle. Obbesagtes ist durch darzu bevollmächtigte Räthe, als Justam Linden, Paul Jochim von Bülau und Jochim Wecken, Adolph Wilhelm von Grosieg, Nicolaum Christoph Muldenern, David Pestein abgehandelt. Geschehen Lauenau den 1ten Tag Octob. 1647.

Lehnsrechtliche Ansprüche machten auch die Landgrafschaft Hessen-Kassel und das Fürstentum Minden geltend, erbrechtliche Ansprüche die Grafen zur Lippe. Es kam zur Teilung der Alten Grafschaft Schaumburg in zwei gleichwertige Hälften: Die Grafen zur Lippe (Nebenlinie Alverdissen) erhielten die Ämter Arensburg, Bückeburg, Stadthagen, Hagenburg und die Hälfte des Amtes Sachsenhagen; Hessen erhielt die Ämter Rodenberg und Schaumburg und die südliche Hälfte des Amtes Sachsenhagen. Gemeinschaftlich blieben der Besitz der

---

[78] Ebenda, S. 272 ff.

Universität Rinteln, der Weserzölle und der Bergwerke. Das von den Schweden beherrschte Minden ging am Ende leer aus.[79]

Abb. 7: „Ich komm von Münster her ...": zeitgenössisches Flugblatt von 1648, das den zwischen Wien, Paris und Stockholm dahingaloppierenden Friedensreiter zeigt.

1647 und 1648 erfolgten die Friedensverhandlungen in Münster und Osnabrück, an deren Ende der Friede stand. Die Unterhandlungen hatten bereits 1645 begonnen, der „Westfälische Friede" wurde erst 1650 vollzogen. Frankreich und Schweden erhielten Teile Deutschlands, Lutheraner und Reformierte freie Religionsübung und die Reichsfürsten uneingeschränkte Landeshoheit. Die die Grafschaft Schaumburg betreffenden Regelungen wurden in Artikel XV des am 14./24. Oktober 1648 zwischen Kaiser und Schweden abgeschlossenen Westfälischen Friedensvertrages abschließend besiegelt.

---

[79] Zitiert nach: HUBERT HÖING, „Das Schaumburger Land – Eine Skizze seines historischen Profils", in: Niedersachsenbuch '99, Bückeburg 1999, S. 18.

Salut und Glockengeläut verkündeten am 24. Oktober 1648 das Ende des Dreißigjährigen Krieges.[80]

1650

Rodenberg

In Rodenberg standen bei Kriegsende noch 45 Häuser. Im Jahr nach dem Krieg wurden in diesen Häusern 80 bettelnd umherziehende Menschen unterstützt. Wie unsicher das Leben noch Jahre nach dem Krieg war, belegen die Zahlen der Hinrichtungen im Amt Rodenberg aus den Jahren 1653/54. Fünf Personen wurden wegen Mordes und Raubes, drei wegen Einbruchs und Diebstahls, eine Frau wegen Kindstötung und eine wegen Gotteslästerung verurteilt und hingerichtet.[81]

Abb. 8: Bekanntmachung vom 9. März 1650 mit der Unterschrift des hessischen Kanzlei-Direktors Dr. Wilhelm Burkhard Sixtinus († 1652 in Hameln).

---

[80] Ausführlich: ROLF LIFFERS, „70 Kanonen begrüßten den Westfälischen Frieden", General-Anzeiger vom 24. Oktober 1998.
[81] KURT KLAUS, „Die Schaumburger scherten sich wenig um die Teilung", General-Anzeiger vom 13. Dezember 1997.

Sachsenhagen

Ein Gewitter galt nicht selten als Sinnbild des Schrecklichen oder sogar als Hexen- und Teufelswerk. Bei Gewittergefahr wurde vielerorts die „Gewitterglocke" geläutet, auch bekannt unter dem Begriff „Wetterläuten". Man war davon überzeugt, dass ein Gewitter und seine Begleiterscheinungen Boten der allmächtigen Gerechtigkeit Gottes waren, die Verstöße gegen göttliche Ordnung, Glaube und Bibelfestigkeit bestrafen sollten. Das Läuten der Glocke sollte vermutlich Gott gefallen und das Unwetter vertreiben.

Bereits zum Ende des 16. Jahrhunderts, mit Beginn der Reformationszeit begann man, das Wetterläuten zu verbieten, doch erst Ende des 18. Jahrhundert hatte sich das Verbot weitgehend durchgesetzt. In besonders hartnäckigen Gebieten hielt sich der Brauch noch länger, wie zum Beispiel in Sachsenhagen.[82]

Der hessische Historiker Johann Just Winkelmann weiß in seiner 1697 veröffentlichten „Beschreibung der Grafschaft Schaumburg" zu berichten:[83]

So oft bey Tage oder Nacht ein Donner-Wetter am Himmel entstehet, begeben sich der Prediger und die Einwohner, vermöge eines in alten Zeiten gethanenen (sic!) Gelübds, alsofort in die Kirche, und halten darin Bethstunde.

Diese Tradition hielt sich wenigstens noch weitere hundert Jahre; und selbst der 1789 eingeführte Prediger Gottlieb Hieronymus Werner Heusinger von Waldegge konnte ihr nichts Wirksames entgegensetzen.

Heusinger wurde am 19. Juli 1760 zu Riehe geboren, besuchte die gelehrte Schule in Lemgo, studierte ab 1777 an der Akademie zu Rinteln, wurde für anderthalb Jahre Hauslehrer in Möllenbeck und Bückeburg, erhielt anschließend (Ostern 1783) die Rektorstelle zu Grove-Rodenberg, wurde im August 1789 Prediger zu Sachsenhagen.[84]

Dort musste Heusinger feststellen, dass es Sitte war, dass sich der Pastor bei einem aufziehenden Gewitter mit der Gemeinde im Gotteshaus versammelte, wo so lange Andacht gehalten wurde und die Glocken läuteten, bis das Gewitter vorüber war.

Heusinger versuchte, den Aberglauben, dass das Glockenläuten ein Gewitter „banne", zu bekämpfen. Er erreichte die Abschaffung dieser Unsitte, aber der

---

[82] Vgl. Aufsatz des Verfassers im Schaumburger Wochenblatt vom 10. und 17. Juli 1993: „Bei Gewitter hatten sie mit Prediger sofort die Kirche aufzusuchen".
[83] Johann Just Winkelmann (1620–1699) war Historiograph aus Hessen und im Auftrag beider hessischer Fürstenhäuser, Darmstadt und Kassel, tätig. Er führte 1657 noch das Pseudonym *Stanislaus Mink von Weinsheun*. 1697 wurde in Bremen seine „Gründliche Beschreibung der Fürstenthümer Hessen und Hersfeld" gedruckt, der er eine „Beschreibung der Grafschaft Schaumburg" hinzufügte. Er war inzwischen oldenburgischer und bremischer Rat. Franz Carl Theodor Piderit bezeichnet Winkelmann in seiner Vorrede zu seiner „Geschichte der Grafschaft Schaumburg" (1831) als „unzuverlässig". Dennoch nahm der Superintendent zu Stadthagen Carl Anton Dolle (1717–1758) den Beitrag in der „Bibliotheca Historiae Schavenbvrgicae" (Stadthagen 1750) mit auf. Vgl. zu ihm Bonnet, Nassau 107.
[84] Lebensdaten von Heusinger entnommen aus: Neuer Nekrolog der Deutschen, 12. Jahrgang, 1834, 2. Teil, Weimar 1836, S. 593.

größte Teil der Gemeinde war damit nicht zufrieden: Man hielt Heusinger für einen „gefährlichen Menschen", kränkte und beleidigte ihn durch unhöfliches und ungesittetes Verhalten. Man verklagte ihn sogar beim Landgrafen von Hessen, als dieser in Nenndorf weilte. Dieser ging auf die Beschwerde ein und ließ den Fall untersuchen. Der Landgraf gab ihm daraufhin seine völlige Zufriedenheit und Zustimmung zu erkennen, weil Pastor Heusinger „in dem heißen Kampfe gegen den so tief gewurzelten Aberglauben ein weises und schonendes Verfahren" an den Tag gelegt habe.

Dieser Kampf gegen den Aberglauben der Sachsenhäger hat Heusinger viel Verdruss bereitet. Im Herbst 1792 verließ er Sachsenhagen, um in Beckedorf für die nächsten neun Jahre Pastor zu werden. 1801 wurde er Prediger an seiner Heimatkirche zu Groß Nenndorf. Dort verdiente er außer seinen „Naturalien" (Dienstwohnung, Abgaben und Dienst) 1118 Reichstaler im Jahr, in Sachsenhagen waren es nur 301 Reichstaler gewesen. 1813 wurde Heisinger Superintendent der Ämter Rodenberg und Sachsenhagen. Am 13. Januar 1833 feierte Heusinger in Groß Nenndorf sein Dienstjubiläum und starb dort am 10. August 1834.

Heusingers Enkelsohn Edmund Heusinger widmete ihm im Jahre 1835 eine Publikation mit dem Titel „Gottlieb Hieronymus Werner Heusinger von Waldegge, weil. Prediger zu Großen-Nenndorf in der Grafschaft Schaumburg, Senior Ministerii, auch Inhaber des kurhess. goldenen Verdienstkreuzes, in seinem Leben und Wirken", dessen der Ertrag zum Besten einer schuldlos verarmten Familie aus der Gemeinde des seligen Heusinger bestimmt war.

In der „Jenaischen Allgemeinen Literatur-Zeitung" vom Juli 1835 heißt es auf Seite 103: „Bemerkenswerth auch für unsere Leser ist das Ereigniß, welches S. 10 erzählt wird. H. wollte in seiner ersten Gemeinde Sachsenhagen die gefährliche und abergläubige Gewohnheit abschaffen, daß der Prediger mit seiner Gemeinde, bey Tage oder des Nachts, bey einem herannahenden Gewitter in die Kirche eilen musste, um daselbst Andacht zu halten, und die Glocken läuten zu lassen, bis das Gewitter vorüber war. Dieß hatte zur Folge, daß die Leute die Kirche nicht mehr besuchten, und ihn noch auf andere Weise kränkten; weßhalb er sich genöthiget sah, um eine baldige Versetzung nachzusuchen."

1700

Beckedorf

Als Nachfolgebau einer alten Kapelle aus dem Jahr 1394 entstand in Beckedorf 1740 die heutige Saalkirche.[85] Auf dem „Heisterberg" im Bückeberg befand sich das Heisterschlösschen, eine Ringwallanlage mit 65 Metern Durchmesser aus dem 9.-12. Jahrhundert. Beckedorf gehörte nach der Teilung der Grafschaft Schaumburg 1647 bis 1949 zum hessischen Teil Schaumburgs.

---

[85] GEORG DEHIO, Handbuch der deutschen Kunstdenkmäler, Band 6 (Bremen, Niedersachsen), München, Bremen 1949, S. 126.

1750

Grafschaft Schaumburg

Der Landgräflich Hessische Geheime Justizrat und Professor der Geschichte, der Dichtkunst und der Beredsamkeit an der Universität Marburg Michael Conrad Curtius (1724–1802) schreibt in seiner „Geschichte und Statistik von Hessen" Marburg 1793, S. 349 ff.

Ständische Verfassung der heßischen Grafschaft Schaumburg.

Auch im Schuamburgischen (sic!) bestehen die Landstände in Prälaten, Ritterschaft und Städten.

I. Prälaten. Diese sind:

a. Das Stift Möllenbeck.

War ehedem ein Augustiner Kloster, ist izt völlig secularisirt, und die Einkünfte werden auf Studirende und die Universität Rinteln verwandt. Und diese Verwendung der Einkünfte hat ihm wohl die Rechte eines Prälaten erworben.

b. Das Stift Fischbeck.

War ehedem ein Benedictiner Kloster, izt ein Lutherisches Fräuleinstift, und bestehet aus einer Aebtißin, Seniorin und zehn Stiftsfräulein von allem Adel, außer vielen expectivirten, welche alle nach der Fundation Lutherisch seyn sollen.

c. Das Stift Obernkirchen.

Ehedem ein Nonnenkloster Benediktiner Ordens, izt ein Evangelisches Fräuleinstift, welches eine Aebtißin, eine Seniorin, sieben Stiftsfräulein, und 65 exspectivirte hat, von beiden evangelischen Confeßionen.

II. Ritterschaft.

Diese bestehet aus 15 Geschlechtern. Um an der Standschaft Theil zu haben, muß man, doch ohne Rücksicht auf eine gewisse Ahnenzahl, ein Edelmann seyn, und ein landtagsfähiges Gut besitzen. Der Schaumburgische Adel hat nicht, so wie der heßische, die Befreyung von Accise und Licent. Das Haupt der Ritterschaft ist der ritterschaftliche Deputatus, welchen der Adel aus seinem Mittel frey wählt: und der jährlich 200 Thaler genießt.

In dem der Grafschaft incorporirten Amt Wagenfeld haben die von Cornberg nicht nur Civil- sondern auch peinliche Gerichtsbarkeit, müssen aber auswärts sprechen lassen, und das Urtheil zur Bestätigung einsenden; auch sind sie im Besitz des Zollregals.

III. Die Städte.

Sind fünfe, Rinteln, Oldendorf, Obernkirchen, Sachsenhagen, Rodenberg. Sie haben innerhalb ihrer Mauren Patrimonialgerichtsbarkeit, auch den ersten Angriff und die General-Inquisition in peinlichen Fällen.

Die Magistratspersonen werden vom Magistrat selbst gewühlt, außer in Sachsenhagen, wo die Bürgerschaft das Wahlrecht hat. An allen Orten wird aber höhere Bestätigung erfordert.

Die Einwilligung der Schaumburgischen Landstände ist bey neuen Auflagen nothwendig, aber nicht zur Gesetzgebung.

Die Landtage sind entweder gemeinschaftlich, wenn sie von beiden Landesherrschaften des Schaumburgischen, Hessen und Lippe-Bückeburg, ausgeschrieben werden, wie im vorigen Jahrhundert etlichemahl geschehen ist, oder sie sind für jedes Regierungshaus besonders. Die im heßischen Schaumburg werden nach Gutfinden des Landgrafen ausgeschrieben. Für das Möllenbecksche Kloster erscheint der Klostergerichtsverwalter: Fischbeck und Obernkirchen bevollmächtigen einen von der Ritterschaft. Die gesammte Landtagsfähige Ritterschaft kann in Person oder durch Bevollmächtigte ihres Mittels erscheinen. Jede Stadt sendet ein Rathsglied. Der ritterschaftliche Deputatus führt das Directorium. Der Landgraf ernennt einige Landtagscommissarien, welche besonders bey dem Landtagsabschied wirksam sind.

Die Landtagscommißarien, haben 6 Thaler Diäten; Prälaten und von der Ritterschaft 4 Thaler; Städtische Deputirte 2 Thaler.

Bad Nenndorf

Als Gründungsjahr von Bad Nenndorf gilt das Jahr 1787. Landgraf Wilhelm IX. von Hessen-Kassel (später Kurfürst Wilhelm I. von Hessen-Kassel, lebte 1743–1821) gab dazu den Anstoß, als er das Grundstück und die angrenzenden Ländereien um die viel gepriesenen Schwefelquellen am Rande des Dorfes 1786 in Augenschein nahm und dann aufkaufte. Der hessische Landgraf beauftragte Dr. Ludwig Philipp Schröter (1746–1800), Professor an der Universität Rinteln und Brunnenmedikus am Gesundbrunnen Rodenberg, Versuche mit den Quellen zu unternehmen, und gründete schließlich 1787 das Bad, das schon in den 90er Jahren des 18. Jahrhunderts zu den großen Heilbädern im Lande gehörte.

Konrad Anton Zwierlein, *der Medicin und Philosophie Doctor, Fürstlich Kultischen Hofrathe, Brunnenarzte und Physikus zu Brückenau, der Kaiserlichen Akademie der Naturforscher und der Kurfürstlich Mainzischen Akademie nützlicher Wissenschaften Mitgliede*, schrieb 1793 im 15. Abschnitt der „Allgemeinen Brunnenschrift für Brunnengäste und Aerzte, nebst kurzer Beschreibung der berühmtesten Bäder und Gesundbrunnen Deutschlands":[86]

Nendorf.

Nendorf, so hat der Durchlauchtigste Stifter, Landgraf Wilhelm der Neunte, die gemachten Anlagen genannt, welche bey den Schwefelquellen zwischen den beyden Dörfern Großen= und Kleinen=Endorf, in der Grafschaft Schaumburg Hessen=Casselschen Antheils, im Amte Rodenberg liegen.

---

[86] KONRAD ANTON ZWIERLEIN, Allgemeine Brunnenschrift für Brunnengäste und Aerzte, nebst kurzer Beschreibung der berühmtesten Bäder und Gesundbrunnen Deutschlands, Weißenfeld und Leipzig 1793, S. 201 f.

Dieses neue Bad im Schaumburgischen ist ¾ Stunde von der Stadt Rodenberg, 5 kleine Stunden von Hannover, 3 Meilen von Rinteln, 5 Meilen von Pyrmont, und 15 Meilen von Cassel entfernt. Die Gegend ist so schön, als man sie nur je von einem Kurorte erwarten kann.

Die ältesten Nachrichten von diesen Quellen hat Luthers Zeitgenosse, Georg Agricola, ein meißnischer Arzt und fleißiger Naturforscher, in einem zur Natur lehre gehörigen schatzbaren Werke: De natura eorum auae effluunt ex terra, hinterlassen. Aus diesem Werke, welches 1546 herausgekommen ist, sieht man, daß schon beynahe vor dritthalb hundert Jahren diese Schwefelquellen bekannt gewesen sind. Schon seit undenklichen Zeiten hat man den Ort, wo dieser Brunnen entspringt, seines weit sich verbreitenden starken Geruchs wegen, auf dem Teufelsdreck geheissen. Das Wasser war aber noch nicht nach Würden geschätzt und gehörig untersucht. Im Jahre 1777 wurden die Quellen auf herrschaftlichen Befehl von Bergleuten aufgeräumt, untersucht, die unterste mit Quadern eingefaßt, und mit einer Pumpe versehen, an der obersten hingegen ein Stollen zur Ableitung des Wassers angelegt.

Die ersten Badanstalten wurden im Jahre 1787 gemacht, und waren noch sehr gering. Mit dem Jahre 1789 aber hebt sich die eigentliche glänzende Periode Nendorfs an. Seit dieser Zeit ist daselbst nun auch olles, was nur irgend zur Bequemlichkeit und Verschönerung eines Kurorts gereichen, und die geschwinde Ausnahme desselben befördern kann, ohne die mindeste Schonung der Kosten, auf Befehl des Herrn Landgrafen Hochfürstlichen Durchlaucht, angewendet worden. Noch 3 Jahre vorher war, wo man jetzt Freuden und Gesundheit holt, Ackerfeld, Gärten und Baliern, Höfe. Die Gebäude sind prächtig und mit der geschmackvollsten Einrichtung aufgeführt. Bey so ernsthaften und treflichen Anstalten konnte es nicht fehlen, daß die Frequenz der Kurgäste mit jedem Jahre stärker werden mußte. Im Sommer 1791 waren schon über 400 Gäste allda.

Grove

Der Geheime Rat und hannoversche Staatsminister Heinrich Bergmann (1799–1887) schreibt 1868 in seiner Selbstbiographie über seinen Vater, Heinrich Wilhelm Bergmann, und seinen Großvater Heinrich Christoph Bergmann:[87]

Mein Vater, geboren am 26. Januar 1773, war der jüngste Sohn des Cantors und Schullehrers Heinrich Christoph Bergmann in Grove bei Rodenberg in der hessischen Grafschaft Schaumburg. Dieser mein Großvater, geboren in Roden-

---

[87] HEINRICH BERGMANN, Selbstbiographie des Geheimen Raths Bergmanns, vormaligen Hannoverschen Staatsministers, als Manuscript gedruckt für seine Kinder und Enkel, Verwandten und Freunde, Hannover 1868. Vgl. HELMUT ECKERT, Zur Charakteristik des hannoverschen Staatsministers Heinrich Bergmann – Seine „Consideranda" vom 25. 1. 1855 (mit unveröffentlichten Aktenstücken), in: Niedersächsisches Jahrbuch für Landesgeschichte 46/47, 1974/75, S. 345 ff., IRENE SCHNEIDER und ROLF WEDEKIND, * Ahnen der Kinder von Heinrich Bergmann (1799–1887), Staatsminister u. Wirkl. Geh.-Rat in Hannover und Dorette Bergmann geb. Wedekind (1799–1874), 1973/289 6028, Niedersächsische Lebensbilder, Band 9, Veröffentlichungen der Historischen Kommission für Niedersachsen und Bremen 22, Hildesheim 1976, S. 105 ff. Geboren wurde Heinrich Friedrich Carl Bergmann am 13. Januar 1799 in Hannover.

berg am 27. Juni 1736, hatte im siebenjährigen Kriege als Königlicher Proviantkommissair der alliirten Armee gedient, im Jahre 1761 sich mit Sophie Charlotte, Tochter des Küsters Alberti zu Exten bei Rinteln, in Minden verheirathet, hiernächst die Cantorstelle der Parochie Grove-Rodenberg angenommen und dieselbe 36 Jahre lang bis zu seinem am 28. März 1798 erfolgten Tode verwaltet. Der älteste der Brüder meines Vaters hatte auf der damaligen landgräflich hessischen Universität Rinteln Theologie studirt und starb hochbejahrt als Rector zu Sachsenhagen im Schaumburgschen. Von den sechs Kindern desselben lebt nur noch ein Sohn in Hamburg. Meines Vaters zweiter Bruder hatte in Rinteln Medicin studirt und starb als ausübender Arzt zu Uchte im Hoyaschen mit Hinterlassung eines Sohnes, der in Rahden bei Minden Kaufmann ist, und einer Tochter, die unverheirathet starb. Mein Vater selbst hatte ebenfalls dem Studium der Medicin in Rinteln*) sich gewidmet und während der Jahre 1793 und 1794 als Chirurg eines hannoverschen Grenadier-Bataillons den Feldzug in Brabant und Flandern mitgemacht. Dort war er Teilnehmer der als „Ausfall von Menin" berühmten Waffenthat der Hannoveraner, welche, eingeschlossen in die Festung Menin und abgeschnitten vom Hauptheere, sich unter Führung des Generals von Hammerstein, nur 4000 Mann stark, bei nächtlicher Weile am 1. April 1794 durch 20,000 Franzosen unter General Moreau durchschlugen und in Bruges in Flandern das Hauptheer wieder erreichten. Mein Vater ward in diesem Nachtgefechte leicht verwundet, hierauf gefangen genommen, sodann von zwei Grenadieren wieder befreit, worauf er in Begleitung seiner Befreier und nach Durchschwimmung eines Schifffahrtskanals am Sammelplatze Bruges erst am andern Tage auf Umwegen eintraf.

Hohnhorst

Hohnhorst ist ein Kirchdorf zwischen Rehren und Riehe. Die Kirche in Hohnhorst, 1440 erbaut, fiel einer großen Feuersbrunst 1729 größtenteils zum Opfer und wurde 1730 neu errichtet (Vorderhaus). Bis auf das ab 1603 geführte Kirchenbuch wurden damals keine alten Schriftstücke gerettet. Conrad Wilhelm Ledderhose schreibt 1780 in seinen „Beyträgen zur Beschreibung des Kirchen-Staats der Hessen-Casselischen Lande" über die Kirche in Hohnhorst:[88]

13) Hohnhorst. Die Oerter Mathe, Ohndorf, Rehren, Rehrwiehe, Nordbruck, Helsinghausen und Haste, gehen hierher zur Kirche.

Der Pfarrer dieses Kirchspiels, hält nur an den ersten Festtagen Nachmittagspredigten in Hohnhorst. Das Abendmahl wird an jedem Sonntage ausgetheilt, und Tags zuvor Vormittags Beichte gehalten. In Ohndorf ist eine alte Capelle, in welcher, einer Stiftung zufolge, jährlich fünfmal, nemlich am Sonntage nach Cathrinentag, am ersten Sonntage nach Fastnacht, am zweyten Sonntage vor Ostern, am Sonntage nach Ostern, und am Sonntage nach Johannestag, Nachmittagspredigten gehalten werden.

Die Hannöverische adeliche Familie von Mandelsloh, zu Dünedorf, besitzt das Patronat-Recht über die Kirche in Hohnhorst.

---

[88] LEDDERHOSE, wie oben, S. 443.

1800

Grafschaft Schaumburg

Die Jahre 1803 bis 1813 waren für Deutschland die Jahre der französischen Fremdherrschaft. In diesen Jahren, in denen Hannover verschiedenen Herren nacheinander untertan war, hat das Land schwerste Last ertragen und harte Abgaben an Geld, Vieh und Lebensmitteln leisten müssen.[89]

Im November 1806 besetzten die französischen Truppen Rinteln und die Grafschaft Schaumburg. In der Folge wurde die Grafschaft dem Gouvernement (der Regierung) in Minden unterstellt. Als Regierungsmittelpunkt der Grafschaft blieb Rinteln jedoch erhalten.[90]

Jetzt, da das Kurfürstentum Hannover restlos von den Franzosen besetzt war, wurden die kaiserlichen Kassen mit hannoverschen Geldern gefüllt, die Domänen des Landes für kaiserliche Krondomänen erklärt. Napoleon I. vergab sie an seine Günstlinge, nicht etwa aus Großmut, vielmehr aus sehr nüchternen Erwägungen, um nämlich seine Minister und Generale unauflöslich an sich zu ketten.

Nach den Eroberungen in Nord- und Mitteldeutschland im 4. Koalitionskrieg bildete Napoleon I. im August 1807 unter anderem aus den Hauptteilen Kurhessens, dem Herzogtum Braunschweig, hannöverschen Gebietsteilen, den Harzdistrikten und den preußischen Gebieten links der Elbe für seinen Bruder Jérôme das Königreich Westfalen (Westphalen). Von den alten westfälischen Gebieten umfasste dieser neue Staat lediglich das Bistum Paderborn, Minden-Ravensberg, Osnabrück, Corvey und Rietberg.

Westfalen sollte – wie das ebenfalls von Napoleons Verwandten regierte, im Westen angrenzende Großherzogtum Berg – durch Übernahme des französischen Verwaltungs- und Regierungssystems als Modellstaat für die anderen Rheinbundländer dienen.

Zum König von Westfalen erhob er seinen Bruder Jérôme am 18. August 1807.

Jérôme machte Kassel zur Hauptstadt seines Landes und Schloss Wilhelmshöhe zu seinem „Königlichen Palast Napoleonshöhe". „Pierer's Universal-Lexikon der Vergangenheit und Gegenwart" berichtet über den Einzug des Monarchen in Kassel:[91]

---

[89] Ausführlich: MATTHIAS BLAZEK, Das Kurfürstentum Hannover und die Jahre der Fremdherrschaft 1803–1813, Stuttgart 2007, ders., „… eine Änderung unserer Lage schien in weite Ferne gerückt, vorläufig blieb alles beim alten" – Franzosen in Stadt und Land in den Jahren 1803 bis 1807, Sachsenspiegel 17, Cellesche Zeitung vom 24. April 2010.

[90] DANIELA TIGGEMANN, diverse andere (Arbeitskreis der Kreisvolkshochschule Schaumburg), „Zur Zeit der französischen Besetzung 1806–1813", Kapitel in: Auhagen – Unser Dorf, unsere Geschichte, Auhagen 1995, S. 29. Die in Sachsenhagen und Umgebung untergebrachten französischen Soldaten und Verwaltungsbeamten hinterließen nach ihrer Vertreibung durch die Hessische Regierung im Jahre 1813 einige uneheliche Kinder, so genannte „Bankert". (Ebenda).

[91] HEINRICH AUGUST PIERER, Pierer's Universal-Lexikon der Vergangenheit und Gegenwart oder Neuestes encyclopädisches Wörterbuch der Wissenschaften, Künste und Gewerbe, 4. Aufl., 19. Band, Altenburg 1865, S. 126.

Am 10. Dec. 1807 hielt König Jerome seinen Einzug in Kassel, verkündete am 15. Dec. den Antritt seiner Regierung, löste die provisorische Regentschaft auf, ernannte die drei französischen Staatsräthe u. den General Lagrange zu seinen Ministern u. bildete den Staatsrath aus geeigneten Männern, von Wolfradt, von Dohm, von Bülow etc. Am l. Jan. 1808 erfolgte die Huldigung des Königs durch Deputirte vom Adel, der Geistlichkeit u. Kaufmannschaft u. kurz darauf die definitive Organisation des Staatsraths u. der Armee. Die Armee bestand aus den königlichen Garden zu Fuß u. zu Pferd, etwa 4000 Mann, der Gendarmerie, 1 Artillerieregiment, 8 Linieninfanterieregimentern, 4 leichten Bataillonen, 6 Cavallerieregimentern, 6 Veteranen- u. 8 Departementscompagnien, im Ganzen mehr als 30,000 Mann. In jedem Departement wurde ein commandirender General angestellt u. am 28. Febr. 1808 der General Morio zum Kriegsminister ernannt; doch blieb er dieses nur bis in den November, wo er mit einer 6000 Mann starken Division nach Spanien gesandt wurde. An seine Stelle kam der französische Divisionsgeneral Eble. Endlich wurde auch am 22. Jan. 1808 die Leibeigenschaft, alle persönlichen Dienste, ungemessene Frohnen, Zwangsgesindedienst, Einwilligung der Herrschaft zur Verheirathung etc. aufgehoben u. alle übrigen Frohnen wurden ablösbar, auch die Gerichtsverfassung für W. publicirt. In Kassel wurde ein Appellationsgericht, in jedem Departement ein Criminalgericht, in jedem District ein Districtgericht u. in jedem Canton ein Friedensgericht errichtet; alle Patrimonialgerichtsbarkeit hörte auf. Eine hohe Polizei wurde im Sept. 1808 eingeführt, aber es konnten sich kaum die Präfecten, viel weniger die Maires in die von ihr gegebenen Vorschriften schicken. Anfang 1808 erschienen auch Finanzgesetze, welche nicht nur alle Privilegien u. Accisebefreiungen aushoben, sondern auch alle bisher steuerfrei gewesenen Grundstücke, selbst die königlichen Domänen nicht ausgenommen, mit Grundsteuer belegten, welche provisorisch auf 1/8 des Ertrags festgestellt wurde. Im März d. J. begannen die Wahlen zu dem ersten Westfälischen Reichstag, welcher am 2. Juli durch den König selbst eröffnet wurde.

Den Spitznamen „König Lustig", wie Jérôme Bonaparte in Kassel genannt wurde, erhielt der Monarch wegen seiner allabendlich ausgegebenen Devise: „Morgen wieder ‚lustick'!" Andere Zungen behaupten, der Spitzname rühre von der Verschwendungssucht des Monarchen her. Politik war nicht Jérômes Sache, er interessierte sich mehr für Feste und schöne Frauen.

Der Beethovenforscher Ludwig Nohl (1831–1885) schreibt 1864:[92]

König Jerome, der bekannte „Morgen wieder lustick" von Kassel wollte es bei seinem üppig heitern Hofhalt natürlich an Musik und Theater am wenigsten fehlen lassen. Und wenn er auch die deutsche Oper und ihre Sängerinnen nicht liebte, sondern Primadonnen aus Paris verschrieb, so hatte er doch auch andererseits den frühern preussischen Kapellmeister J. F. Reichardt zu sich berufen, und man hörte sogar bald aus Kassel von einer Hebung des Orchesters.

---

[92] KARL FRIEDRICH LUDWIG NOHL, Beethovens Leben, Wien 1864, S. 278.

Und Moritz von Kaisenberg 1899:[93]

Nun aber waren die Flitterwochen mit der liebenswürdigen Königin längst vorüber, und er begann Geschmack an anderen, sich ihm leider sehr offen anbietenden Frauen zu finden. Nun fing jene sprichwörtlich gewordene „Morgen wieder Lustik-Zeit" für Kassel an.

Abb. 9: Jérôme Bonaparte, König von Westfalen, Kupferstich, nach: Napoleon I, hrsg. von Julius von Pflugk-Harttung, Band 2, 1902.

Ein Staatskalender erschien zwischen 1803 und 1818 nicht. Dafür liegt uns aus dem Jahre 1808 das „Handbuch über das Königreich Westphalen zur Belehrung über Land und Einwohner, Verfassung, Verwaltung und äußere Verhältnisse des Staats überhaupt und seine einzelne Theile insonderheit, nebst einem Verzeichnisse der vornehmsten Hof- und Staats-Beamten" vor. Das Werk umfasst 348 Seiten, die mit ganzen sechs Seiten „Ergänzungen und Berichtigungen" abschließen.

Über den Monarch, seine Rechte und Vorzüge heißt es auf Seite 92/93:

Die in der Constitution, oder dem vom Stifter desselben bekannt gemachten Grundgesetze des Staats (vom 15. Nov.1807.), angegeben Rechte und Vorzüge des Monarchen sind folgende. Das Königreich ist erblich in des gegenwärtigen Königs (Hieronymus Napoleon) direkter, natürlicher und rechtmäßiger Nachkommenschaft männlichen Geschlechts, nach der Folge der Erstgeburt, und mit beständiger Ausschließung der Weiber und ihrer Nachkommenschaft. In Er-

---

[93] MORITZ VON KAISENBERG, König Jérome Napoleon: ein Zeit- und Lebensbild nach Briefen, Leipzig 1899, S. 70.

mangelung dieser Nachkommenschaft fällt der Thron zurück an den französischen Kaiser und dessen natürliche und rechtmäßige, oder an Kindesstatt aufgenommene, Erben und Nachkommen, und in Ermangelung dieser an die natürlichen und rechtmäßigen Nachkommen seiner beiden, ihm vorläufig zu Nachfolgern auf dem französischen Thron bestimmten, Brüder, Joseph Napoleon, König von Neapel, und Ludwig Napoleon, König von Holland, und in Ermangelung dieser letzten an die natürlichen und rechtmäßigen Nachkommen des Prinzen Joachim, Großherzogs von Berg. Der König von Westphalen ist, mit seiner Familie, den Verfügungen der kaiserlichen Familien=Statuten unterworfen. Im Falle der Minderjährigkeit, die sich mit dem 18ten Jahre endigt, soll der Regent des Königreichs von dem französischen Kaiser oder dessen Nachfolgern, in der Eigenschaft als Haupt der kaiserlichen Familie, aus den Prinzen der königlichen Familie ernannt werden. — Der König und die königliche Familie haben zu ihrem Unterhalte einen besondern Schatz, unter dem Titel eines Kronschatzes, welcher 5 Millionen Franken jährlicher Einkünfte beträgt. Zu diesem Schatze sind der Ertrag der Domanialwaldungen und ein Theil der Domainen bestimmt; reicht aber dieß nicht hin: so wird das Fehlende aus der Staatscasse mit einem Zwölftheil in jedem Monate zugeschossen. — Die Münzen werden mit dem Wappen des Königreichs und mit dem Bildnisse des Königs geschlagen. — Der König ernennt das Ministerium und den für die Gesetzgebung sorgenden Staatsrath, in dessen Versammlung er selbst präsidirt; ferner den Präsidenten der an der Gesetzgebung Theil nehmenden, vom Volke durch Departementscollegien zu wählenden Stände, die er zusammenberuft, auf längere oder kürzere Zeit entläßt oder auflöset; auch ernennt er die Mitglieder der eben gedachten, außer der Wahl der Stände zu Vorschlägen gewisser Beamten berechtigten, Departementscollegien, und aus den von diesen Collegien vorgeschlagenen Candidaten die Friedensrichter, Departements=, Districts= und Municipalitäts=Räthe. Endlich ernennt der König noch, außer andern Staatsbeamten, die Richter, welche die Urtheile in seinem Namen sprechen, und er allein kann begnadigen, die Strafe erlassen oder mildern.

Im „Bulletin des Lois du Royaume de Westphalie" von 1808 verlautet bezüglich dem Canton Sachsenhagen:[94]

(No. der Cantons): 5

(Namen der Cantons:) **Sachsenhagen**

Sachsenhagen, Stadt, Haupt-
ort, mit der Vorstadt Kuhlen
und der Pachtung Sachsen-
hagen.
Auhagen, Dorf und Düdinghausen.
Beckedorf, mit Eichenbruch.
Schotlingen, Eickhöfen und
Ottensen.

---

[94] *Bulletin des Lois du Royaume de Westphalie, Tome Premier;* Gesetz-Bulletin des Königreichs Westphalen, Erster Teil (1. Dezember 1807 bis 1. Mai 1808), Kassel 1808, S. 853.

Riepen, Dorf, Ohndorf, dito.
Rehren, dito, mit Rehrwiehe.
Nordbruch, Niengraben und Iddenser Moor.
Mathe und Hohnhorst.

Am 15. August 1808 wurde die Geburtstagsfeier von Kaiser Napoleon I. in allen Gebieten Europas gefeiert, wo sich die französische Armee befand.

In Kleists „Katechismus der Deutschen, abgefaßt nach dem Spanischen, zum Gebrauch für Kinder und Alte", 1809, heißt es: „Frage: Wer sind deine Feinde, mein Sohn? Antwort: Napoleon und ... die Franzosen. Frage: Ist sonst niemand, den du hassest? Antwort: Niemand auf der ganzen Welt."[95]

Hieronymus Napoleon (Jérôme Bonaparte) wählte Bad Nenndorf als Sommerresidenz. Wegen der dort entdeckten Schwefelquellen hatte Landgraf Wilhelm von Hessen, der spätere Kurfürst Wilhelm I., im Jahre 1787 das Bad als Mineralbad gegründet. 1809 ordnete König Jérôme den Bau eines Schlammbades an und begründete somit das erste Moor-Kurbad in Bad Nenndorf. Bad Nenndorf wurde ausgebaut, während andererseits die Universität Rinteln 1810 aufgehoben wurde.

Arthur Kleinfeld berichtet von der Abwesenheit des Hofes in Kassel, weil König Jérôme mit dem leitenden Staatsmann, dem Erste Kammerherr Pierre Alexandre Le Camus, Graf von Fürstenstein (1774–1824), „und dem größten Theile des Hofstaates" im Bad Nenndorf, die Königin Katharina hingegen „mit großem Gefolge" in Schwaben geweilt habe.[96]

Von 1807 bis 1810 gehörten nur die südlichen Teile des Kurfürstentums Hannover zum Königreich Westfalen, im französisch-westfälischen Vertrag zu Paris vom 14. Januar 1810 wurde auch der nördliche Teil von Hannover (außer Lauenburg) dem Königreich Westfalen eingegliedert. Hierzu wurde am 1. März 1810 ein Aufruf erlassen, den Hofkammerrat Peter Adolph Winkopp (1759–1813) noch einmal 1820 in einer Publikation über den Rheinischen Bund abdruckte:[97]

Hannoveraner! der Kaiser, mein erhabener Bruder, hat mir durch einen am 14. Januar d. J. in Paris abgeschlossenen Vertrag alle seine Rechte auf euer Land abgetreten und es mit meinem Königreich Westfalen vereinigt. Heute nehme ich Besitz davon. Das vergangene Unglück muß uns die gegenwärtige Ruhe und die Hoffnung noch weit teurer machen. Es ist mir angenehm zu denken, daß ihr einerseits weder euer noch mein Vertrauen verleugnen werdet.

Gegeben in unserem königlichen Palaste in Kassel.

Hironimus Napoléon, Jérôme

---

[95] TIM KLEIN, Die Befreiung 1813, 1814, 1815 – Urkunden, Berichte, Briefe, Ebenhausen 1913, S. 97.
[96] ARTHUR KLEINSCHMIDT, Bayern und Hessen, 1799–1816, Berlin 1902, S. 18.
[97] PETER ADOLPH WINKOPP, Der Rheinische Bund (Zeitschrift, Frankfurt 1807-13, 23 Bände), Frankfurt 1820, S. 159.

Das hessen-schaumburgische Gebiet bildete zunächst einen Teil des Distrikts Rinteln im „Departement der Weser"; der alte historische Zusammenhang wurde jedoch Mitte 1810 zerrissen, Nordschaumburg nach Eingliederung der hannoverschen Provinzen in das Königreich Jérômes dem Distrikt Hannover im „Departement der Aller" zugeschlagen und der Süden in einem neu abgetrennten Distrikt Rinteln belassen, der dem Leine-Departement zugehörte.[98] So kam es, dass Sachsenhagen, das zum Vorort der kleinsten Verwaltungseinheit, eines Kantons, gemacht war, anfangs seine Oberbehörde in Rinteln, 1810 bis 1813 aber in Hannover hatte.[99]

Ab Dezember 1810 gehörte von dem nördlichen Teil des Kurfürstentums Hannover nur noch das „Departement der Aller", das die Gebiete um Hannover, Celle und Uelzen umschloss, zum Königreich Westfalen. Auch die neu erworbenen Gebiete waren nun Bestandteil eines straff nach französischem Vorbild gegliederten Staates.

Die Einteilung des Landes in Departements erfolgte ohne Rücksicht auf gewachsene Grenzen, sie enthielten die Namen von Flüssen. Dem Departement stand ein Präfekt vor. Es war untergliedert in Distrikte mit einem Unter-Präfekten an der Spitze. Die nächste Einteilung stellte der Canton dar mit einem Canton-Maire an der Spitze.

Die untersten Einheiten bildeten die Communen oder Munizipalitäten, das waren die Land- beziehungsweise Stadtgemeinden. An die Stelle der Bürgermeister beziehungsweise in den Landgemeinden der Geschworenen traten die Maires („Bürgermeister"). Deren Aufgabe war es unter anderem, die Steuern einzuziehen. Sie waren außerdem den Communen beziehungsweise Munizipalräten gegenüber weisungsbefugt, obwohl diese Räte nach außen wie Bürgerschaftsvertreter aussahen.

Mit der eigentlichen Selbstverwaltung der Gemeinden war es aber vorbei. Es bestand eine straff delegierende Führung auf der Schiene *Departement-District-Canton-Commune*.

Die in der Verfassung des Königreichs Westfalen verankerten Gleichheitsgrundsätze stammten noch aus der Zeit der Französischen Revolution (1789). Nicht nur die Juden, auch die Angehörigen anderer Religionen, wurden nun als gleichberechtigte Bürger anerkannt, was in den deutschen Staaten des neuen Staatsgebildes bis dahin nicht möglich gewesen war.

Die Besatzer gingen daran, die französische Sprache einzuführen. Die westfälische Verwaltung arbeitete von Anfang an zweisprachig. Von den Besatzern wurden auch erstmals Standesämter gebildet, die mit der peinlichsten Genauig-

---

[98] Königliches Dekret vom 19. Juli 1810 im *Bulletin des lois du royaume de Westphalie II 1810*, Nr. 78, S. 354 ff. Vgl. GEORG HASSEL, Statistisches Repertorium über das Königreich Westphalen, Braunschweig 1913, S. 5, 18.

[99] RUDOLF FEIGE, Die Statuten des Fleckens und der Stadt Sachsenhagen, Beiträge zur Entwicklungs- und Verfassungsgeschichte einer schaumburgischen Kleinstadt, Sachsenhagen 1950, S. 170.

keit die Geburts-, Heirats- und Sterbeurkunde abzufassen und in ein Register einzutragen hatten.

Alles deutete darauf hin, dass die Franzosen recht lange zu bleiben gedachten.

Eine neue Zeitung wurde etabliert – ebenfalls zweisprachig – und eine geheime Polizei. Hierüber berichtete Hoffmann von Fallersleben: „Mancher büßte für eine unbefangene Äußerung in den Gefängnissen zu Kassel. Die geheime Polizei nämlich, diese saubere Napoleonische Einrichtung, war auch in Westfalen eingerichtet und zählte mehr Eingeborene als Fremde unter ihren Helfern und Helfershelfern – ewige Schmach für den deutschen Namen! Der westfälische Moniteur, die einzige westfälische Zeitung, halb französisch, halb deutsch, ging von der Regierung aus; alle Bücher, Zeitungen, Zeitschriften, Flugblätter und Anzeigen standen unter der strengsten Zensur. Fremde Zeitungen waren zu teuer und durften sich ebenfalls nicht frei äußern. Der ‚Hamburger Korrespondent' hatte für uns aufgehört. Hamburg war französisch geworden, der ‚Korrespondent' mußte eine bedeutende Stempelsteuer bezahlen, das war den Fallerslebern zu teuer, und niemand hielt ihn mehr."[100]

Jérôme nahm das Land selbst in Augenschein, zumindest im August 1810. Selbst sein Geburtstag wurde auf den Dörfern gefeiert.

Im Herbst 1810 begann man mit dem Ausheben (Musterung) der Soldaten für Frankreich. Viele mussten in ganz Europa kämpfen, viele entkamen, andere wurden gefasst und mussten nach Russland.

Die verhängnisvolle Wende kam 1812.

Als die Russen die Kontinentalsperre durchbrachen, überschritt Napoleon I. 1812 mit der „Großen Armee" die russische Grenze. Er konnte zwar Moskau besetzen, musste aber wegen des russischen Winters den Rückzug antreten. Während die Reste der „Grande Armée" aus Russland zurückzogen, verbündete sich der preußische General Ludwig Yorck von Wartenburg in den letzten Tagen des Jahres 1812 auf eigene Faust mit den Russen und löste damit die Befreiungskriege aus.[101]

Was England an kriegstüchtigen Soldaten für die deutsche Legion nicht geworben hatte, musste in den französischen Kriegsdienst treten. Als Mitglied des Rheinbunds hatte Westfalen 25 000 Mann als militärisches Kontingent zu stellen. Mit der Konskription (Musterung) wurde hier wie in den Hanseatischen Departements die allgemeine Dienstpflicht eingeführt. Die in Westfalen Ausgehobenen wurden verschiedenen Infanterie- und Kavallerieregimentern zugewiesen;

---

[100] HOFFMANN VON FALLERSLEBEN, AUGUST HEINRICH, Mein Leben, Ausgewählte Werke, Berlin o. J., abgedruckt in: Eyssen/Storch, Niedersächsisches Lesebuch, 2. Aufl., Hildesheim 1984, S. 290. In der französischen Zeit war von Fallerslebens Vater seit dem 1. Oktober 1810 Canton-Maire von Fallersleben, sein Bruder hingegen Mairiesekretär (11. November). „Beide Stellungen waren nur bedeutend durch die Ehre und die Gelegenheit, amtlich viel Schlimmes abzuwenden und viel Gutes zu veranlassen und zu fördern. Plötzlich war nun alles anders geworden."

[101] HANS RÜCKERT (Bearb.); HELMUT OBERHETTINGER (Bearb.), Politik und Geschichte des 19. und 20. Jahrhunderts – Ein Lehr- und Arbeitsbuch, Paderborn und München, S. 20.

die Dienstpflichtigen in den Hanseatischen Departements gehörten den französischen Infanterieregimentern Nr. 127, 128 und 129 an. Im Frühjahr 1812 begann der Ausmarsch der „Großen Armee" gegen Russland. Tausende von Hannoveranern zogen als westfälische beziehungsweise französische Soldaten mit. An die 600000 Mann, unter ihnen 120000 aus den Rheinbundstaaten und 20000 aus dem am 24. Februar 1812 zur Stellung von Hilfskorps verpflichteten Preußen, wurden an der Weichsel zusammengezogen, und am 24. Juni überschritt Napoleon I. an der Spitze seines stolzen Heeres die Memel bei Kowno (Kaunas). Das schreckliche Ende dieses Dramas ist bekannt und kann hier nicht ausführlich dargestellt werden. Der Feldzug endete bekanntermaßen mit einem verlustreichen Rückzug.[102]

Von den 26000 Mann der Armee des Königreichs Westfalen kehrten 700 bis 800 zurück. Friedrich Schirmer schrieb im „Celler Soldatenbuch": „... kaum mehr als 700 Mann waren übrig von etwa 17000 Mann, mit denen die 28 Regimenter ausgerückt waren. In Eis und Schnee waren sie umgekommen, aber auch mancher deutsche Mann kehrte überhaupt nicht oder nur als Krüppel zurück."[103] Am 23. Dezember 1812 schrieb Napoleon I. seinem Bruder, dem König Jérôme: „Es existiert von der westfälischen Armee nichts mehr bei der Großen Armee."

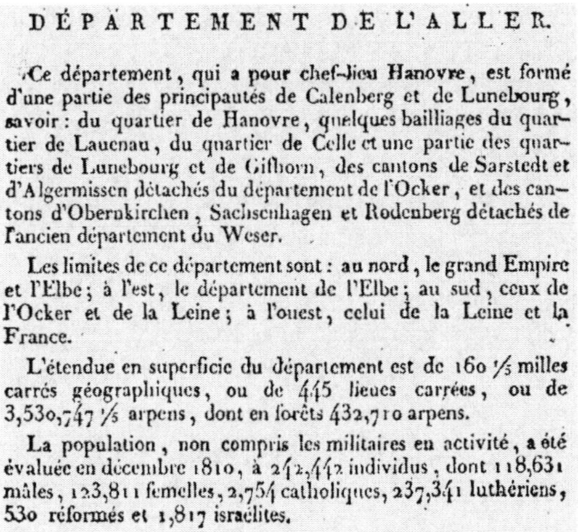

> DÉPARTEMENT DE L'ALLER.
>
> Ce département, qui a pour chef-lieu Hanovre, est formé d'une partie des principautés de Calenberg et de Lunebourg, savoir: du quartier de Hanovre, quelques bailliages du quartier de Laueuau, du quartier de Celle et une partie des quartiers de Lunebourg et de Gifhorn, des cantons de Sarstedt et d'Algermissen détachés du département de l'Ocker, et des cantons d'Obernkirchen, Sachsenhagen et Rodenberg détachés de l'ancien département du Weser.
>
> Les limites de ce département sont: au nord, le grand Empire et l'Elbe; à l'est, le département de l'Elbe; au sud, ceux de l'Ocker et de la Leine; à l'ouest, celui de la Leine et la France.
>
> L'étendue en superficie du département est de 160 ⅓ milles carrés géographiques, ou de 445 lieues carrées, ou de 3,530,747 ⅕ arpens, dont en forêts 432,710 arpens.
>
> La population, non compris les militaires en activité, a été évaluée en décembre 1810, à 242,442 individus, dont 118,631 mâles, 123,811 femelles, 2,754 catholiques, 237,341 luthériens, 530 réformés et 1,817 israélites.

Abb. 10: Département de l'Aller. Almanach royal de Westphalie von 1813, Niedersächsisches Landesarchiv

Nachdem er sein Königreich nach der Völkerschlacht bei Leipzig verloren hatte, verließ Jérôme am 26. Oktober 1813 Kassel und ging ins Exil. 1848 kehrte er nach Frankreich zurück, wo er 1852 nach dem Staatsstreich seines Neffen Napo-

---

[102] Literatur: MARQUIS DE CHAMBRAY, Napoleons Feldzug in Rußland 1812, Arthur Kleinschmidt, Geschichte des Königreichs Westphalen, Gotha 1893.
[103] FRIEDRICH SCHIRMER, Celler Soldatenbuch, Burgdorf 1937, S. 64.

leon III. Präsident des Senats wurde.[104] Jérôme Bonaparte starb am 24. Juni 1860 bei Paris.

Im November 1815 kehrte in Europa endlich Frieden ein.

Grafschaft Schaumburg

Die Eisenbahnstrecke Hannover-Minden wurde im Jahre 1847 in Betrieb genommen. Sie ist eine der ältesten Bahnlinien Deutschlands überhaupt und gerade einmal 12 Jahre nach der Strecke Nürnberg-Fürth eröffnet worden. Die Bahnlinie verläuft von Hannover Hauptbahnhof über Seelze, Wunstorf, Haste, Stadthagen und Bückeburg nach Minden (Westf.) und von da weiter in Richtung Bielefeld und Ruhrgebiet.

Im Jahre 1832 schlug der in Hannover lebende Engländer John Taylor vor, eine Eisenbahn von Hannover und Braunschweig nach den Hansestädten Bremen und Hamburg zu bauen. Er scheiterte jedoch an der Forderung Hannovers, die Linie nur bis nach Harburg, dem hannoverschen Hafen an der Elbe, zu bauen. Daraufhin bildeten sich 1835 in Hannover und Braunschweig neue Eisenbahnkomitees, die sich nach langwierigen Verhandlungen auf eine Eisenbahn von den beiden Städten zu einem gemeinsamen Punkt bei Lehrte und von dort über Celle nach Harburg verständigten und dem auch die Regierungen zustimmten. Für einen Baubeginn fehlte jedoch ein Enteignungsgesetz. Ein Entwurf dafür wurde noch im Juli 1835 in der Ständeversammlung vorgelegt. Zu einem Beschluss kam es jedoch erst am 8. September 1840, weil der neue König Ernst August 1837 die Ständeversammlung auflöste und dadurch die bekannten Verfassungskämpfe verursachte.[105]

Am 18. Juni 1835 wurde von der hannoverschen Regierung der Oberst und Generalquartiermeister in der Königlich Hannoverschen Armee Victor Prott, Direktor der Militärakademie,[106] mit der Vornahme von allgemeinen Vorarbeiten für die Eisenbahnlinien Hannover-Bremen, Celle-Harburg, Hannover-Celle, Braunschweig-Celle und Hannover-Braunschweig beauftragt.

Dass der Eisenbahnbau in den einstigen deutschen Bundesstaaten auf allerlei törichten Widerstand stieß, ist bekannt und nachweisbar.

Die folgenden Jahre vergingen ohne wichtige Beschlüsse, obwohl König Ernst August, den Wünschen Preußens nach einer Verbindung seiner beiden Festungen Magdeburg und Minden folgend, 1838 grundsätzlich mit dem Bau einer Eisenbahn von Braunschweig über Hannover nach Minden einverstanden war. Erst als Preußen 1840 – in Deutschland waren inzwischen 550 Kilometer Eisenbahnen in Betrieb und weitere 300 Kilometer im Bau – eine Eisenbahn von Berlin nach Hamburg über Potsdam-Brandenburg-Stendal und über Gardelegen zum

---

[104] CLEMENS AMELUNXEN, Der Clan Napoleons – Eine Familie im Schatten des Imperators, Berlin 1995.
[105] Vgl. FRIEDRICH WEGENER, „Die Entwicklung des Eisenbahnnetzes in unserer Heimat", „Feierabend in Schaumburg", General-Anzeiger vom 26. Juli 1997.
[106] Victor von Prott, * Hameln 21.09.1781, † 16.02.1857, 1816 Generalquartiermeister, 1845–1848 Generaladjutant, 1848–1850 Kriegsminister, 1816–1857 Generalstabschef.

Anschluss an die Hannoversche Bahn in Uelzen oder Lüneburg plante, ordnete der König von Hannover das Anlegen von Eisenbahnen an.

Am 22. Februar 1841 schlossen die Regierungen von Hannover und Braunschweig einen Vertrag über den Bau einer Linie von Hannover in gerader Richtung über Lehrte nach Braunschweig. Sie sollte sich in Lehrte mit der Strecke von Celle über Burgdorf nach Hildesheim kreuzen. Da es nicht gelang, den Geldmarkt für die Projekte zu interessieren, beschloss am 9. März 1841 die hannoversche Regierung nach kurzer Prüfung, diese so genannte Kreuzbahn zunächst auf Staatskosten zu bauen. Am 18. Juli 1842 begannen die Arbeiten auf dem Teilstück Hannover-Lehrte. Bald darauf wurden auch die Arbeiten an drei weiteren Stellen aufgenommen.

Die Leitung des gesamten Bahnbaus wurde dem Oberingenieur A. H. Dammert übertragen, der auch Bauleiter der Strecke Hannover-Lehrte war. Um den immer größer werdenden Aufgaben gerecht werden zu können, verfügte das Königliche Ministerium des Innern die Errichtung einer Eisenbahndirektion anstelle der bisherigen provisorischen Eisenbahnkommission. Der 13. März 1843 ist deshalb der Geburtstag der Eisenbahndirektion in Hannover. Sie ist damit eine der ältesten Direktionen und vom Tage der Gründung an mit der Verwaltung eines staatlichen Eisenbahnnetzes betraut gewesen. Leiter der Eisenbahndirektion wurden Oberbaurat Hagemann, Hofrat Hartmann und Hoffabrikant Hausmann.[107]

Im selben Jahr trat der spätere Geheime Regierungsrat und Oberbaurat Otto Durlach der Verwaltung der hannoverschen Staatsbahn bei. Durlach wurde zunächst bis zum Jahre 1845 als Baukonducteur bei dem Bau der Eisenbahnstrecken Hannover-braunschweigische Grenze und Lehrte-Celle beschäftigt. Als Eisenbahnbauinspektor war er von 1845 bis 1848 beim Bau der Bahnstrecken Celle-Uelzen und Lingen-Osnabrück tätig, von 1848 bis 1850 beim Bau der Chaussee Emden-Leer und von 1850 bis 1854 beim Bau der Bahnlinie Hannover-Kassel.

Zum „Schutze der Bahn und des Verkehrs auf derselben" wurde die erste Bahnordnung vom 30. September 1843 erlassen:

§ 12. Auf den Bahnhöfen, auf welchen neue Züge geordnet werden, soll die Zeit, wo der Einsteigeplatz geöffnet ist, durch einmaliges Läuten einer Glocke angedeutet werden. Diese Öffnung soll zehn Minuten vor der Abfahrt statt finden. Es müssen hierauf die mit einem Billet zur nächsten Fahrt versehenen Personen, nach Anweisung der Zugführer und Schaffner, ihre Plätze in den Wagen einnehmen.

Fünf Minuten vor dem Abgange ist zum zweiten Male zu läuten. Mit dem Schlage der zur Abfahrt bestimmten Stunde ist zum dritten Male zu läuten und zugleich der zu den Wagen führende Eingang wieder zu schließen. Die Zugfüh-

---

[107] Oberbaurat Hagemann war absoluter Spitzenverdiener unter den Straßenbaubeamten. Das technische Mitglied für Wegbausachen im Ministerium des Innern bekam 2500 Taler jährlich, wovon 1500 Taler aus den Mitteln der Eisenbahnverwaltung stammten, da Hagemann auch am Eisenbahnbau beteiligt war.

rer und Schaffner haben sofort die Thüren der Wagen zu schließen und ihre Plätze auf denselben einzunehmen. Der Zugführer hat dem den Dampfwagen führenden Maschinisten ein Zeichen zu geben, worauf der Zug sich in Bewegung setzen muß.

§ 16. Auf allen Stationen soll zwei Minuten vor dem Abgange zum ersten, eine Minute vor dem Abgange zum zweiten, und um die zum Abgange bestimmte Zeit zum dritten Male geläutet werden. Mit diesem letzten Zeitpunkte ist, so wie im § 12 bestimmt ist, zu verfahren.

Diese Bahnordnung wurde 1908 abgeschafft, weil sie „nur noch selten eine zweckdienliche Verwendung gefunden" hatte.

Am 22. Oktober 1843 wurde die erste Strecke im Königreich Hannover von Hannover nach Lehrte eröffnet. Die „Hannoversche Zeitung" berichtete darüber kurz und nüchtern:

„Nachdem in den letzten Tagen schon mehrere Probefahrten stattgefunden hatten, wurde die Hannover – Braunschweigische Eisenbahn von Hannover bis Lehrte, einem 2 1/6 Meilen von hier entfernten Dorfe (bei welchem bekanntlich die Hannover – Braunschweigische und die Celle – Hildesheimische Eisenbahn sich durchschneiden werden), für das Publikum eröffnet. Obgleich diese kleine Bahnstrecke für die Beförderung von Reisenden und Waren natürlich nicht von Wichtigkeit seyn kann, so erregt sie doch als das erste vollendete Stück der großen projectirten Eisenbahn-Linien unseres Landes großes Interesse."

Der erste Bahnhof in Hannover (der „Eisenbahnhof") von 1843, der Vorgänger des Hauptbahnhofs, bestand aus einem Zelt. Er passte sich den zunächst noch ebenerdigen Gleisen an und strebte dennoch in die Höhe – auf drei Türmen wehten bei festlichen Anlässen die gelbweißen Fahnen.

1843 wurde die – private – Cöln-Mindener Eisenbahngesellschaft mit dem königlichen Siegel Friedrich Wilhelm von Gottes Gnaden gegründet. Sie erhielt am 18. Dezember 1843 die preußische Konzession für die Strecke von Deutz über Mülheim am Rhein, Düsseldorf, Duisburg, Oberhausen, Altenessen (Essen), Gelsenkirchen, Wanne, Herne und Castrop-Rauxel nach Dortmund und weiter über Hamm, Oelde, Rheda, Bielefeld und Herford bis nach Minden. Im August 1844 begannen von Deutz aus die ersten Bauarbeiten für die Linie Köln-Minden.[108]

Nach langen Verhandlungen sollte aufgrund eines Ministerialbeschlusses vom 10. Juni 1843 die Eisenbahn Lehrte-Celle gebaut werden.

Der Hofbaurat Hagemann, der Leiter des Domanialbauwesens war, hatte überhaupt keine Ahnung von Eisenbahnen. Deshalb gab er bereits 1844 diesen Pos-

---

[108] Vgl. WERNER ZIMMERMANN, „Vor 150 Jahren: ‚Bahn frei' von Köln über Schaumburg-Lippe bis Magdeburg – Jungfernfahrten der Köln–Mindener Eisenbahn und der Königlich Hannoverschen Eisenbahn", „Feierabend in Schaumburg", General-Anzeiger vom 24. Mai 1997.

ten „aus Gesundheitsgründen" auf.[109] Zu ihrem technischen Leiter wurde der Baurat Johann H. A. Mohn (1800–1872), Eisenbahndirektor der Berlin-Anhalter Bahn, ernannt. Als technischer Hilfsarbeiter stand ihm Adolf Funk (1819–1889) zur Seite.

Am 13. September 1845 war die Teilstrecke Lehrte-Celle so weit fertig gestellt, dass die erste Lokomotive bis nach Celle gelangen konnte. Am 9. Oktober 1845 kamen auf der neuen Bahn König Ernst August von Hannover und Herzog Wilhelm von Braunschweig nach Celle. Damit war die Bahn eingeweiht, doch wurde sie erst am 15. Oktober 1845 dem öffentlichen Verkehr freigegeben. Dies war die vierte Streckeneröffnung im Bereich der Hannoverschen Staatsbahn. Täglich fuhren 1845 vier Personenzüge von Hannover nach Celle und zurück, zwei am Vormittag und zwei am Nachmittag. Die Fahrdauer betrug 1 1/2 Stunden, sodass ein Pendelverkehr möglich war. Eine Fahrkarte von Hannover nach Celle kostete 10 Gutegroschen (ein Taler hatte 25 Gutegroschen).

Die Bevölkerung hatte nichts gegen die Eisenbahn, aber als dringendes Bedürfnis erschien sie ihr eben wieder nicht. Wie auf so vielen Gebieten wurde der Fortschritt auch hier behördlicherseits herbeigeführt, nicht aus der Bevölkerung heraus. An einem Fernverkehrsmittel hatte die Bevölkerung damals noch kein Interesse, und die Erkenntnis, dass die Eisenbahn nur als solches vertretbar war und rentabel werden konnte, setzte sich damals eben erst bei den deutschen Regierungen durch.

Damals wurden in Hannover alle Entfernungen auf der Eisenbahn (nach dem Vorbild der Posttarife) nach Meilen berechnet (eine hannoversche Meile = 7419 Meter). Nach Meilen war auch der Eisenbahntarif für die drei Wagenklassen berechnet, die es im Hannoverschen gab. Nach dem alten Tarif, der allerdings mehrfach wechselte, kam eine Meile in der ersten Klasse auf 6 Groschen, in der zweiten auf 4 ½ Groschen und in der dritten auf 3 Groschen. Im Güterwagen konnte jeder Reisende 50 Pfund Freigepäck mitnehmen, während für die Personenwagen nur leichtes Handgepäck zugelassen wurde.

Der 1842 begonnene erste Abschnitt des Eisenbahnbaus im Königreich Hannover kam im Dezember 1847 mit der Eröffnung der Bremer Bahn zu einem Abschluss. Bis zu diesem Zeitpunkt waren fertig gestellt:

1. Hannover bis zur braunschweigischen Landesgrenze,
2. Hannover nach Minden,
3. Lehrte nach Hildesheim,
4. Lehrte nach Harburg und
5. Wunstorf nach Bremen.

---

[109] Hauptmann Dammert hatte seinetwegen eine Probeeisenbahn auf dem Steintorfelde anzulegen erwogen, damit Hagemann sich überhaupt eine Vorstellung machen konnte.

Damit betrug die Gesamtlänge der hannoverschen Eisenbahn 390,75 Kilometer, von denen 50,02 Kilometer auf fremdem und 340,73 auf hannoverschem Territorium lagen.[110]

Vom 4. Dezember 1845 datiert der in Hannover geschlossene Vertrag zwischen Hannover, Preußen, Kurhessen und Schaumburg-Lippe über die Ausführung einer Eisenbahn von Hannover nach Minden. Von Interesse sind die ersten Passagen:[111]

Nachdem Seine Königliche Hoheit der Kurprinz und Mitregent von Hessen und Seine Durchlaucht der Fürst zu Schaumburg-Lippe sich bereit erklärt haben, die Eisenbahn von Hannover nach Minden durch Höchst-Ihre Gebiete zu führen, so sind Höchstdieselben im Einverständnisse mit Seiner Majestät dem Könige von Preußen und Seiner Majestät dem Könige von Hannover der zwischen Allerhöchstdenselben über die Errichtung einer Eisenbahn von Hannover nach Minden unterm 10. April 1841 zu Berlin abgeschlossenen Übereinkunft beigetreten, und sind, zur Regelung der dadurch entstehenden, eine gemeinschaftliche Feststellung erfordernden Verhältnisse zu Bevollmächtigten ernannt: von Seiner Majestät dem Könige von Preußen:

Allerhöchst-Ihr Landrath Eduard von Moeller;

von Seiner Majestät dem Könige von Hannover:

Allerhöchst-Ihr Regierungsrath Carl Ludwig Rudolph Hoppenstedt, Mitglied des Königlich Hannoverschen Guelphenordens vierter Classe, Ritter des Königlich Preußischen rothen Adlerordens dritter Classe und des Herzoglich Braunschweigschen Ordens Heinrichs des Löwen;

von Seiner Königlichen Hoheit dem Kurprinzen und Mitregenten von Hessen:

Höchst-Ihr Ober-Berg- und Salzwerksdirector Heinrich Theodor Ludwig Schwedes, Commandeur zweiter Classe des Kurfürstlich Hessischen Hausordens vom goldenen Löwen, Ritter des Königlich Preußischen rothen Adlerordens zweiter Classe, Commandeur des Großherzoglich Badenschen Ordens vom Zähringer Löwen, Commandeur erster Classe des Großherzoglich Hessischen Ludwigsordens, Comthur des Großherzoglich Sachsischen Ordens vom weißen Falken;

von Seiner Durchlaucht dem Fürsten von Schaumburg-Lippe:

Höchst-Ihr Regierungsrath Carl Franz König;

welche nach vorhergegangener Verhandlung unter dem Vorbehalte der Ratification, über folgende Punkte übereingekommen sind:

---

[110] LARS ULRICH SCHOLL, Ingenieure in der Frühindustrialisierung – Staatlich und private Techniker im Königreich Hannover und an der Ruhr (1815–1873), 1978, S. 185

[111] Die Königlich Hannoversche Eisenbahn- und Telegraphen-Verwaltung – Eine mit Genehmigung des Königlichen Ministeriums des Innern veranstaltete Sammlung der auf die Hannoverschen Eisenbahnen und Telegraphen bezüglichen Gesetze, Verordnungen, Bekanntmachungen und Staatsverträge, zusammengestellt und mit einigen Bemerkungen begleitet von E[RNST] JACOBI, Regierungsrath im Königlichen Ministerium des Innern, Hannover 1862, S. 259 ff.

Art. 1.

Die Königlich Preußische, die Königlich Hannoversche, die Kurfürstlich Hessische und die Fürstlich Schaumburg-Lippische Regierung verpflichten sich, innerhalb ihres Gebiets für die Errichtung einer Eisenbahn von Hannover über Wunstorf, Haste und Bückeburg nach Minden, zum Anschlusse an die Cöln-Mindener Eisenbahn und für deren Vollendung spätestens bis zum Ablaufe des Jahrs 1847 zu sorgen.

In einer Bekanntmachung des Königlichen Ministeriums des Innern vom 19. Februar 1846, die Erbauung der Eisenbahnen von Hannover nach Minden und nach Bremen betreffend, verlautete:[112]

Seine Majestät der König haben mit Zustimmung der allgemeinen Stände-Versammlung zu beschließen geruhet, daß auf Kosten der Eisenbahncasse des Königreichs eine Eisenbahn von Hannover nach Minden innerhalb diesseitigen Gebiets bis an die Hannover-Hessische Landesgrenze zur Ausführung gebracht werde.

Die gleichzeitige Weiterführung dieser Eisenbahn von der Landesgrenze (in der Richtung auf Haste, Stadthagen, Bückeburg) nach Minden, zum Anschlusse an die im Bau begriffene Cöln-Mindener Eisenbahn, ist durch Staatsverträge mit Preußen, Kurhessen und Schaumburg-Lippe gesichert worden.

Die Ausführung des Baues der Eisenbahn im Königlich-Hannoverschen Gebiete ist der Königlichen Eisenbahn-Direction übertragen; der Betrieb auf der ganzen Eisenbahn von Hannover bis Minden ist vertragsmäßig, vorläufig auf zehn Jahre, der hiesigen Eisenbahn-Verwaltung ausschließlich überlassen.

Nach Maßgabe des unter Allerhöchster Genehmigung Seiner Majestät des Königs festgestellten Planes wird die Eisenbahn von dem Hauptbahnhofe zu Hannover in nordwestlicher Richtung durch die Feldmarken der Vorstadt Hannover, Vahrenwald und Hainholz, dann in mehr Westlicher Richtung zwischen Burg und Herrenhausen geführt werden, oberhalb Letter die Leine überschreiten, dann in gerader Linie bis nach Seelze und von dort, an den Ortschaften Lohnde, Gümmer, Dudensen und Luthe vorbei, bis zu dem östlich der Stadt Wunstorf anzulegenden Bahnhofe gehen, von wo sie in der Richtung auf Haste unweit Duendorf die Kurhessische Landesgrenze erreicht.

In den Jahren 1846/47 („Hungerjahre") war das Land Schamburg finanziell völlig auf die Finanzkraft des Fürstenhauses angewiesen. Die Landstände würden das Baukapital zwar bewilligt haben, wenn das Land die nötige Sicherheit für die aufzunehmende Anleihe hätte bieten können. Jetzt lag es nahe, dass das Fürstenhaus bei der Finanzierung des Bahnbaus tatkräftig mitwirkte. Der regierende Fürst Georg Wilhelm (1807 bis 1860) ließ die auf das Fürstentum entfallende 24,3 Kilometer lange Telstrecke auf Kosten der Fürstlichen Rentkammer

---

[112] Ebenda, S. 110.

ausführen und hierzu eine Anleihe von 4 500 000 Mark aufnehmen. Die Bahn war somit nicht Eigentum des Staates, sondern des Fürstenhauses.[113]

Am 26. September 1847 fuhr der erste Probezug erfolgreich zwischen Minden und Hannover. Die Betriebs-Eröffnung auf der Hannover-Mindener Bahn erfolgte am 15. Oktober 1847. Die Strecke von Wunstorf nach Bremen war dann am 12. Dezember 1847 fertig.

Abb. 11: Anzeigen des Fürstenthums Schaumburg-Lippe 1848, Seite 97.

In der „Eisenbahn-Zeitung, Organ der Vereine deutscher Eisenbahn-Verwaltungen und Eisenbahn-Techniker" vom 2. Mai 1852 wurde aus dem Bundesgesetz, betreffend die Verbindlichkeit zur Abtretung von Privateigenthum zitiert (Auszug):

---

[113] FRITZ WÖBBEKING, Eisenbahn lange Privatbesitz des Fürstenhauses – Vor 150 Jahren wurde die Strecke Minden-Hannover gebaut / Wichtiger Beitrag zur Erschließung Schaumburg-Lippes", „Feierabend in Schaumburg", General-Anzeiger vom 21. März 1997.

Verzinsung des Anlagekapitals. 1) Für den alleinigen hannoverischen Antheil. Bis zum 1. Juli 1851 wer für sämmtliche Bahnen auf alleinige hannoverische Rechnung, einschließlich der Zinsen während der Bauzeit (499,326 Thlr.) ein Anlagekapital verwendet von 12,538,610 Thlr., welche Summe sich nach einer sorgfältigen Repartizion für die verschiedenen einzelnen Bahnen wie folgt vertheilt:

Hannover-Braunschweig-Bahn	*1,568,947*	*Rthlr.*
Hildesheim-Celler Bahn	*1.937,739*	*"*
Celle-Harburger Bahn, einschließlich des Harburger Bahnhofes	*5,436,487*	*"*
Hannover-Mindener Bahn bis zur Grenze, einschließlich des Betriebsmaterials für die ganze Bahn,	*1,522,627*	*"*
Wunstorf-Bremer Bahn, die von Hannover gezahlte Hälfte	*2,072,810*	*"*

Mit jedem neuen Streckenbau nahm der Lokomotiven- und Wagenpark der Eisenbahn zu, der am Ende des Jahres 1846 insgesamt 25 Lokomotiven, 103 Personenwagen und 232 Güterwagen umfasste. Lokomotiven und Wagen waren in den ersten Jahrzehnten klein, wenn man sie mit den Modellen der Gegenwart vergleicht, allein sie genügten für jene Zeiten.

Zunächst fuhren nur englische Lokomotiven auf den hannoverschen Linien, bis sie dann später von deutschen Erzeugnissen abgelöst wurden.

Diese anfänglich sechs Dampflokomotiven mussten nach ihrer Anlandung in Harburg in Einzelteilen auf dem Landweg nach Hannover transportiert werden. Zum Packhof, wo die Lokomotiven auf Gleise gesetzt werden sollten, war zu diesem Zweck ein gepflasterter Zugang angelegt und eine neue Brücke über den noch vorhandenen Stadtgraben geschlagen worden.

Zu diesem Maschinenpark kamen bis 1845 sieben weitere Lokomotiven hinzu, davon fünf bereits von deutschen Herstellern (Maschinenfabrik Zorge am Harz und Borsig). Alle Maschinen gehörten zur Bauart 1 A 1, das heißt, nur die mittlere von drei Achsen wurde angetrieben. Bei einer Betriebsgeschwindigkeit von 30 Kilometern in der Stunde konnten Höchstgeschwindigkeiten bis zu ungefähr 60 Kilometer pro Stunde erreicht werden. Für Kohle und Wasser wurde ein besonderer Tender mitgeführt.

Im Königreich Hannover wurde damals größter Wert darauf gelegt, das für Bau und Betrieb der Eisenbahn notwendige Geld im Lande zu halten. Somit vergab die Eisenbahndirektion recht bald auch Lokomotivaufträge an die neu gegründete hannoversche Maschinenfabrik von Georg Egestorff in Linden bei Hannover, der späteren Hanomag, allerdings unter der Bedingung, dass „die angebotenen Lokomotiven in ihrer Güte und Brauchbarkeit, nach darüber anzustellender Prüfung und zu sammelnder reicher Erfahrung, den Lokomotiven der besten Fabriken des Auslandes nicht nachstehen und mindestens zu gleichen Preisen wie diese zu kaufen seien".

Durch eine gute Zusammenarbeit zwischen der Firma Egestorff und dem Maschinendirektor der Eisenbahndirektion, Heinrich Kirchweger, einem der angesehensten Lokomotivtechniker seiner Zeit, konnten die hohen Anforderungen erfüllt und die erste Lok am 15. Juni 1846 übergeben werden. Diese Lok erhielt mit ausdrücklicher Genehmigung des Königs dessen Namen „Ernst August". Kosteten die ersten vier Lokomotiven je 10 197 Taler, so gab Egestorff seine erste Lokomotive zu einem etwas höheren Preis, nämlich zu 11 500 Talern ohne Tender, ab.

Abb. 12: Kolorierter Stich der Lokomotive Ernst August.

Sie hatte auf jeder Seite drei Räder, von denen die beiden mittleren als Schwungräder dienten. Wenn man sich Abbildungen der alten Lokomotiven ansieht, so fällt der ungewöhnlich hohe Schornstein auf, ohne den der damalige Maschinenbau nicht auskommen zu können glaubte. In Dienst wurde die Lok zur Eröffnung der Strecke Lehrte-Hildesheim am 12. Juli 1846 gestellt.

Die ersten hannoverschen Lokomotiven sind im Vergleich mit unseren heutigen Lokomotiven leicht zu nennen. So wog beispielsweise die Lokomotive „Ernst August" der Egestorffschen Fabrik rund 19 Tonnen.

Trotz ihrer Kleinheit waren die alten Lokomotiven sehr leistungsfähig. Die hannoversche Lokomotive Nr. 1, die aus England stammte, fuhr 14 Jahre, von 1843 bis 1857, wo sie ausrangiert wurde, nachdem sie in ihrer Dienstzeit 25 725 Meilen zurückgelegt hatte.

Allmählich gewöhnten sich die Reisenden an das neue Verkehrsmittel. Die Eisenbahndirektion Hannover meldete folgende Fahrgastzahlen:

1845   52 000 Personen
1846   170 000 Personen
1865   2 700 000 Personen

Weitere Daten

1846 Am 10. August 1846 erschien eine Allgemeine Dienstinstruktion über den Postdienst auf den Hannoverschen Eisenbahnen.
1847 Der Verein deutscher Eisenbahnverwaltungen wurde gegründet.

1852 Die ersten Nachtzüge wurden eingelegt.
1853 Der Deutsche Bund wurde einheitliches Zollgebiet.
1861 Am 21. September 1861 wurde das Ernst-August-Denkmal vor dem Hauptbahnhof in Hannover enthüllt. Es ist Hannovers bekanntestes Denkmal.
1862 Die Bahnstrecken Hannover-Braunschweig, Lehrte-Hildesheim, Lehrte-Harburg und Hannover-Minden wurden zweigleisig ausgebaut. Auf den Eisenbahnen wurde bis 1867 links gefahren.

Erinnerung an die erste hannoversche Eisenbahn

(Beitrag von Oskar Schweiger in der Celleschen Zeitung vom 16. August 1932)

Am 18. Juli 1842, also vor 90 Jahren, begannen bei Lehrte die Erdarbeiten für die erste hannoversche Eisenbahnlinie Hannover–Lehrte. Aus diesem Anlasse hatte sich die ganze Eisenbahnkommission mit vielen anderen Beamten der Staatsregierung nach Lehrte begeben, und der Präsident der Kommission, Generalmajor Prott, machte den ersten Spatenstich. Um sieben Tage später, am 25. Juli begannen die Erdarbeiten am entgegengesetzten Ende der Bahnlinie bei Hannover und zwar an der Breiten Wiese, nur Flurbezeichnung, die man noch heute auf den Landkarten größeren Maßstabes findet. Ueber die Erwerbung von Grundstücken im Steintorfelde für den Eisenbahnbau waren damals noch Verhandlungen im Gange. Länger als ein Jahr wurde von Hunderten von Arbeitern an der neuen Eisenbahn gearbeitet, die am 23. Oktober 1843 eröffnet werden konnte. Sie erregte, wie es in der stadthannoverschen Presse hieß, „als erstes vollendetes Stück der großen projektierten Eisenbahnlinien großes Interesse".

Bei dieser Gelegenheit einige Einzelheiten aus der ersten Zeit des hannoverschen Eisenbahnbetriebes. Mit 6 Lokomotiven und 29 kleinen Personenwagen, von denen jeder 18 Sitzplätze hatte, fing der Betrieb an. Die Personenwagen 3. Klasse waren offen und konnten zur Winterzeit nur wenig benutzt werden. Die stadthannoversche Presse schrieb am 25. Dezember 1844 über die offenen Personenwagen: „Zum Rückgange des Verkehrs hat ohne Zweifel die Ungunst der 3. Klasse beigetragen, die bei den jetzigen Kältegraden und namentlich bei den schneidenden Ostwinden nicht ohne Gefahr benutzt werden kann, zumal nicht von der Klasse der Reisenden für die sie zumeist bestimmt ist." – Gepäcknetze gab es in den Personenwagen noch nicht. Wer kleineres Gepäck mitnehmen wollte, konnte es, wie es in der Bahnordnung hieß, „unter den Wagensitzen mitführen". – Nach derselben Bahnordnung war es den Reisenden verboten, von sich aus die Wagentüren zu öffnen. Das Oeffnen der Türen sollte ausschließlich Obliegenheit des Zugpersonals sein. – Jahrelang wurden die Abfahrtssignale mit einem Horne gegeben, „das vom Oberkonduktor an einer Schnur über der Schulter getragen wurde." Dies Signal blieb bis in den Anfang der 1850er Jahre bestehen und wurde dann durch Pfeifensignale abgelöst. – Das Betreten der „Einsteigplätze" war ausschließlich den Reisenden gestattet. Wer die Reisenden bis an den Zug begleiten wollte, mußte sich eine Bahnsteigkarte besorgen. Hierzu hieß es in der Bahnordnung: „Der Verwaltung ist durch die Bahnordnung die Befugnis beigelegt, Erlaubniskarten zum Betreten der Bahnanlagen und Bahnhöfe zu erteilen."

Grafschaft Schaumburg

Der Fürstlich Lippische Kammerrat Georg Ferdinand Führer schreibt 1804 in seiner „Kurzen Beschreibung der Meyerrechtlichen Verfassung in der Grafschaft Lippe":[114]

Von der Verfassung der hiesigen eigenbehörigen oder gutsherrlichen Bauern werde ich am gehörigen Orte weiter reden, und bemerke nur, daß in dem benachbarten Ravensbergischen die Eigenthumsgefälle fixirt sind, und in der Grafschaft Schaumburg, Churhesschen Antheils, der Zustand der Eigenbehörigen äußerst milde ist; denn über das Allodium disponirt derselbe frey, ohne daß der Eigenthumsherr daran den geringsten Antheil hat. Ueber die Colonats=Erbfolge kann er unter seinen Kindern eine freye Wahl treffen, wozu ihm der Consens nicht versagt werden darf, wenn nur gegen die Qualität des Successors Nichts (erhebliches) zu erinnern ist. Fehlt eine Disposition, so ist das älteste Kind, es sey Sohn oder Tochter, der erbliche Successor.

Deckbergen

Deckbergen, nordöstlich von Rinteln und am südlichen Abhang des Gebirges gelegen, zählte 1835 insgesamt 50 Häuser und 340 evangelische Einwohner (drei jüdische).[115] Der Schriftsteller Karl Lyncker (1823–1855) erzählt in seinen „Deutschen Sagen und Sitten in hessischen Gauen" die Sage von den „Hünen von Hohenrode und Deckbergen":[116]

Die Hünen von Hohenrode und Deckbergen

Gegenüber der Hünenburg bei Hohenrode liegt bei dem Dorfe Deckbergen auch ein Hünenbrink, wo ein anderer Hüne hauste. Die beiden backten gemeinschaftlich ihr Brod. Als nun einmal der Deckberger Hüne sich hinter dem Ohr kratzte, meinte der Hohenroder, jener kratze den Backtrog aus und rief ihm zu: „ek kome gliek!" Der Hohenroder Hüne war aber blind, darum rief ihm der Deckberger zu, als er an die Weser kam: „thu' einen weiten Schritt!" und der Hohenroder machte einen großen Schritt über den Strom.

Exten

Angeblich aus Besorgnis, dass König Jérôme das Rittergut Exten ohne Entschädigung einziehen würde, verkaufte Ferdinand Graf von Wartensleben es 1809 für 55 000 Taler an Bernard Diederik Gijsbert Freiherr von Wardenburg. Die Zeit der Extener von Wartensleben war damit vorbei. 1810 wurden mächtige Scheunen aus Bruchsteinmauerwerk (50 und 80 Meter lang) gebaut. Zu dieser Zeit lebten in Exten etwa 500 Menschen. 1814 kam das Anwesen für das Meistgebot von 35 000 Talern an den Bremer Kaufmann Wilhelm Grimmell. Nach dem Tod Grimmells 1839 ging das Gut anfänglich auf dessen Schwester Wil-

---

[114] GEORG FERDINAND FÜHRER, Kurze Beschreibung der Meyerrechtlichen Verfassung in der Grafschaft Lippe, Lemgo 1804, S. 15 (= § 14).

[115] WILHELM BACH, Kirchenstatistik der evangelischen Kirche im Kurfürstentum Hessen, Kassel 1835, S. 475.

[116] KARL LYNCKER, Deutsche Sagen und Sitten in hessischen Gauen, Kassel 1854, S. 31.

helmine, dann auf seine einzige Nichte Louise, die spätere Ehefrau des Fürstlich-Lippischen Geheimen Rats und späteren Regierungspräsidenten in Detmold Christian von Meien, Herr auf Exten, über. Von Meien (1781–1857) stammte von der Domäne Hellinghausen und war nach dem Jurastudium in den lippischen Staatsdienst eingetreten. 1817 wurde er von Fürstin Pauline in die Staatsregierung berufen und Chef des fürstlichen Kabinetts.[117]

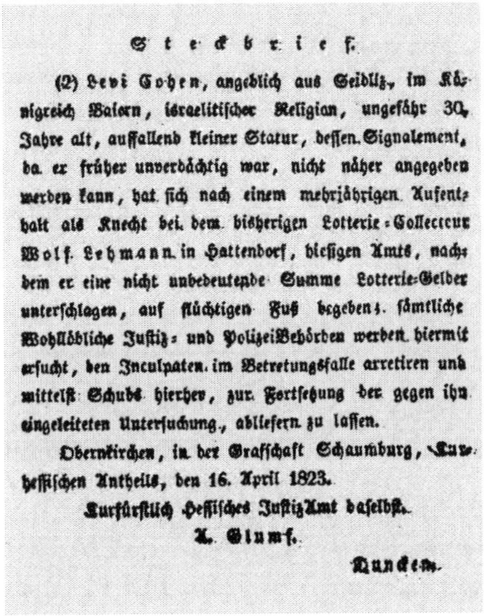

Steckbrief.

(2) Levi Cohen, angeblich aus Seidlitz, im Königreich Baiern, israelitischer Religion, ungefähr 30 Jahre alt, auffallend kleiner Statur, dessen Signalement, da er früher unverdächtig war, nicht näher angegeben werden kann, hat sich nach einem mehrjährigen Aufenthalt als Knecht bei dem bisherigen Lotterie-Collecteur Wolf Lehmann in Hattendorf, hiesigen Amts, nachdem er eine nicht unbedeutende Summe Lotterie-Gelder unterschlagen, auf flüchtigen Fuß begeben; sämtliche Wohllöbliche Justiz- und PolizeiBehörden werden hiermit ersucht, den Inculpaten im Betretungsfalle arretiren und mittelst Schubs hierher, zur Fortsetzung der gegen ihn eingeleiteten Untersuchung, abliefern zu lassen.

Obernkirchen, in der Grafschaft Schaumburg, Kurhessischen Antheils, den 16. April 1823.

Kurfürstlich Hessisches JustizAmt daselbst.

A. Stumf.

Duncken.

Abb. 13: Steckbrief.
Allgemeine deutsche Justiz-, Kameral- und Polizeifama, 1823, Seite 194 und 200.

Großenwieden

Das Fährdorf Großenwieden liegt etwa zwei Kilometer westlich von Hessisch Oldendorf an der Weser. Es ist ein Ortsteil von Hessisch Oldendorf. Die größte historische Bedeutung ist dem dortigen Fährbetrieb beizumessen. Die Zollrolle des Grafen Otto von 1556 für Großenwieden gibt beispielsweise Aufschluss über die Waren, die auf der Weser verschifft wurden.[118] Friedrich Justus Greve war Ökonom und Rentmeister in Großenwieden. Er starb am 20. Juli 1826 mit 48 Jahren 3 Monaten 1 Tag in Gr. Wieden, war also 1778 geboren.[119] Und es ist eine Zwergsage überliefert, die sich mit dem Fährmann zu Großenwieden befasst.[120]

---

[117] Vgl. NORBERT HOHAUS, Das Anschreibebuch des Regierungsrates Christian von Meien für das Jahr 1832 – Lebensverhältnisse einer Detmolder Beamtenfamilie im frühen 19. Jahrhundert, Detmold 1991, S. 76.

[118] Vgl. HELGE BEI DER WIEDEN, 1961, S. 96 f.

[119] GEBHARD VON LENTHE und HANS MAHRENHOLTZ, Schaumburger Studien, Heft 3, Bückeburg 1963, S. 248.

[120] Norddeutsche Sagen, Märchen und Gebräuche aus Mecklenburg, Pommern, der Mark, Sachsen, Thüringen, Braunschweig, Hannover, Oldenburg und Westfalen aus dem Munde des Volkes gesammelt und herausgegeben von ADALBERT KUHN und WILHELM SCHWARTZ, Leipzig 1848, S. 242 f.

Zwergsagen.

Mündlich aus der Umgegend von Rinteln,

Zu dem Fährmann in Groß-Wieden an der Weser, oberhalb Rinteln, ist einmal vor vielen Jahren ein kleiner Unterirdischer gekommen, der hat ihn gefragt, ob er wohl gegen guten Lohn die Nacht hindurch überfahren wolle; der Fährmann hat natürlich nicht nein gesagt und da ist denn am Abend der Kleine wiedergekommen, ist in den Kahn gestiegen und hat gesagt, er solle nur abstoßen. Das hat der Fährmann auch gethan, ist aber verwundert gewesen, daß der Kahn so schwer und tief ging, als wäre er ganz voll, und noch mehr hat er sich gewundert, als ihm der Kleine, nachdem sie drüben angekommen, gesagt, nun solle er wieder zurückfahren, dabei im Kahn geblieben und so bis zum frühen Morgen immer hin und wieder gefahren ist. Endlich ist er denn ausgestiegen und hat den Fährmann gefragt: „nun möchtest du auch wohl gern wißen, was du übergefahren?" und als der es bejaht, hat er gesagt: „so sieh mir über die rechte Schulter!" Das hat der Fahrmann gethan und Tausende und aber Tausende von Unterirdischen im bunten Gewimmel erblickt, die er alle in der Nacht übergefahren; der Kleine aber ist drauf abgegangen und hat dem Schiffer gesagt, das Fährgeld liege bereits im Kahn. Aber als der hinkommt, um sein sauer verdientes Geld einzustecken, liegt da ein großer Haufen Pferdemist. „Pfui! sagt er, das ist mir auch ein schöner Lohn!" nimmt seine Schippe und wirft Alles in die Weser; dabei aber fällt ihm ein Klumpen in den Stiefel. Als er darnach heimkommt, sagt seine Frau: „nun, heut hast du wohl brav was verdient, du hast ja die ganze Nacht übergefahren?" aber er ist so mürrisch, daß er ihr kaum antwortet, wie er jedoch die großen Stiefel auszieht, da geht's auf einmal kling! und es fallen die blanken Pistolen eine nach der andern heraus. Da ist er geschwind nach der Weser hinabgelaufen und hat den andern Mist auch holen wollen, der ist aber Pferdemist geblieben nach wie vor; allein er hat auch so schon genug gehabt, und ist ein reicher Mann geworden und seine Nachkommen sind's bis auf diesen Tag.

Obernkirchen

Am 6. Februar 1837 wurde Johann Heinrich Seidenfaden (1797–1837) aus Obernkirchen wegen eines Mordes unter Dieben auf dem Heinekamp vor den Toren der Stadt Rinteln öffentlich hingerichtet. Es war die letzte öffentliche Hinrichtung in Schaumburg. Der Fall Seidenfaden ist auch heute noch von Bedeutung. Die psychologisch interessante Gestalt des Mannes Seidenfaden und die packenden äußeren Umstände des Geschehens machen diesen historischen Kriminalfall besonders interessant.

Das Obergericht in Rinteln hatte ihn und Wilhelm Mühlhaus für schuldig befunden, im Jahre 1825 ihren 25 Jahre alten Komplizen, den Nagelschmiedgesellen (*Nagelschmidtgeselle*) Wilhelm Faul aus Obernkirchen, ermordet zu haben. Mühlhaus wurde am 15. Januar 1831 zum Schafott auf dem Heinekamp geführt und enthauptet. Seidenfaden entkam indes aus dem Gewahrsam und floh in Richtung Niederlande. Unter dem Namen Wilhelm Wiggers trat er in die Dienste der niederländischen Armee ein, wo er sich in dem 13-tägigen Krieg zwischen

Holland und Belgien (1831) bewährte. Erst 1835 wurde er als niederländischer Soldat im Hafen von Paramaribo (Surinam) wieder erkannt und zurück nach Rinteln gebracht.[121]

Sachsenhagen

Die Gerechtsame des Hauses Nr. 1 in Sachsenhagen / Berechtigungen von Heinrich Ludwig Eßmann wurden 1822 in Frage gestellt [122]

Besonders im 18. und 19. Jahrhundert entstanden vielerorts Streitigkeiten wegen Gerechtigkeiten. 1822 waren die Gerechtsame, also die Hud- („Hute-") und Weideberechtigungen, von Heinrich Ludwig Eßmann, Sachsenhagen Nr. 1, im Dühlholz in Frage gestellt worden. Möglicherweise bereits seit dem 17. Jahrhundert, so eine damalige Bezeugung, hatte diese Hofstelle dort das Recht gehabt, Pferde und Hornvieh in die Weide zu schicken. Es handelte sich um den Bereich, den man von der Reinecken Mühle (herrschaftliche Bockwindmühle) gut einsehen konnte. Forstwirtschaftlich gehörte der Bereich zum Forst Ottensen. Der weitgehend seit Jahrhunderten gerodete Dühlwald präsentierte sich bereits in seiner heutigen Gestalt.

Conrad Wiegand, Lehrer der Mädchenschule zu Gudensberg, im Kreis Fritzlar, bestätigt 1826 in seiner „Erdbeschreibung des Kurfürstentums Hessen": „Sachsenhagen, eine Ackerbau treibende Landstadt, an der bückeburgischen Gränze, 2 gute Stunden nordwestlich von Rodenberg, hat ein zerfallenes Schloß, 102 W. und 620 E."[123]

Über das Jahr 1822 hieß es in der Jubiläumsbroschüre des Jahres 1950 zur 800-jährigen Wiederkehr der Schlossgründung und zur 300. Wiederkehr der Verleihung der Stadtrechte durch die Landgräfin zu Hessen (01.03.1650): „1822 brachte große Kälte; 4 Saugferkel kosteten 1 Thaler. Die Gemeinde Sachsenhagen hatte 102 Feuerstellen, die Kuhle 17 Häuser. Bürger mußten 30 Thaler für diese Ehre bezahlen, Häuslinge und Mieter 1 Schutzthaler pro Jahr, die Schutzjuden das Doppelte." Das Dorf Kuhlen wurde 1838 eingemeindet. Bürgermeister in Sachsenhagen war von 1820 bis 1828 der Amtschirurg Friedrich Wilhelm Stümbke.

Nachdem Heinrich Ludwig Eßmann in Nr. 1 zu Sachsenhagen im Jahre 1820 vom Förster Cornelius das Verbot ausgesprochen bekam, weiterhin Weidevieh

---

[121] JOHANNA LINDNER, „Mörder!" Zwischen Norddeutschland und Surinam – Schuld und Sühne des Johann Heinrich Seidenfaden, Rinteln 2002, Schaumburger Nachrichten vom 11., 15. und 18. Juli 2002, Schaumburger Zeitung vom 21. Januar 2002. Die letzten beiden öffentlichen Hinrichtungen fanden am 14. Oktober 1864 in Marburg und am 21. Oktober 1864 in Greiz statt. (MATTHIAS BLAZEK, Scharfrichter in Preußen und im Deutschen Reich 1866–1945, Stuttgart 2010, S. 10.)
[122] Staatsarchiv Bückeburg Dep. 28 Nr. 48/1 (*Acten über Hutegerechtsame der Stadt Sachsenhagen zu dem Hause N° 1 gehörend*), Jubiläumsbroschüre des Jahres 1950 zur 800-jährigen Wiederkehr der Schlossgründung und zur 300. Wiederkehr der Verleihung der Stadtrechte Sachsenhagens, MUNK, Sachsenhagen, wie oben, S. 105, 132. Gleich lautend der Aufsatz des Verfassers im Schaumburger Wochenblatt vom 8. November und 3. Dezember 1997.
[123] CONRAD WIEGAND, Erdbeschreibung des Kurfürstentums Hessen, Kassel 1826, S. 126.

in das Dühlholz zu schicken, kam es zur Klage gegen das Forstamt Rinteln. Dieses ließ sich durch den Staatsanwalt vertreten.

Heinrich Ludwig Eßmann als „Kläger und Reproduct" konnte mit zehn Zeugen aufwarten, die allesamt schon älter waren und zumeist aus Auhagen, aber auch aus Sachsenhagen (der Bürgermeister und Gastwirt Poppelbaum) und Ottensen kamen.

Die Aussagen der Zeugen im Zeugenstand erwiesen sich aber als ungestützt, teils als widersprüchlich und fielen nicht immer zu Gunsten des Klägers aus. Schon seit vielen Jahren soll gar Eßmann die Hude in dem Bereich nicht mehr beansprucht haben. In der „Interrogatoria generalia" wurde Folgendes von „Amtsaktuar Ernst" in sauberer Sütterlinschrift am 21. Juli 1821 zu Protokoll gebracht:

Wie Zeuge heiße, wie alt, woher er sey, und wovon er sich nähre?

Johann Cord Hartmann, aus Nr. 1 in Auhagen, lebe vom Ackerbau und wäre 50 Jahre alt.

Johann Cord Langhorst Nr. 2 in Auhagen, 53 Jahre alt, und nähre sich vom Ackerbau.

Christoph Hector, aus Nr. 45 in Auhagen, 66 Jahre, und lebe auf der Leibzucht.

Heinrich Battermann aus Nr. 46 in Auhagen, 53 Jahre alt und nähre sich vom Ackerbau.

Heinrich Steege aus Nr. 51 in Auhagen, 61 Jahre alt, und lebe von der Leinweber Profession.

Anton Ludwig Backe aus Nr. 53 in Auhagen, 59 Jahre alt und nähre sich von der Schneider Profession.

Justus Könecke, aus Auhagen, woselbst er als Forstlaufer wohne, und wäre 49 Jahre alt.

Conrad Meffert, wohne als Forstlaufer in Ottensen, und 46 Jahre alt.

Friedrich Wilhelm Stümbke, wohne als Amtsvogt in Sachsenhagen und 72 Jahre alt.

Heinrich Wilhelm Poppelbaum, wohne als Gastwirth vor Sachsenhagen und wäre im 60ten Jahre seines Alters.

Die Frage, ob ein Zeuge „mit dem Reproducten Eßmann" verwandt wäre, wurde von allen bis auf Gastwirt Poppelbaum verneint, der mit Eßmann „Nur weitläuffig" verwandt war.

„Ob Zeuge bei gegenwärtiger Streitsache Nutzen zu hoffen oder Schaden zu befürchten habe?"

„Keins von beiden." (einhellige Antwort aller Zeugen)

„Ob Zeuge selber die Mithute im Dühlholze exercire?" Diese Frage wurde nur von den Auhäger Zeugen bejaht.

Der Auhäger Forstläufer Könecke wurde befragt, ob er dem Förster Cornelius „Anzeige davon gemacht" hätte, dass er den Reproducten im Dühlholz Hüten sah. Er bejahte die Frage und bestätigte auch, dass es seine Dienstpflicht gewesen wäre, alle diejenigen dem Förster anzuzeigen, die unbefugterweise im Dühlholz hüteten.

Amtsvogt Friedrich Wilhelm Stümbke wurde befragt, ob er „den Reproducten, wegen Hütens auf der Chaussee vor einigen Jahren zu Bruch notirt habe?" Er bejahte, konnte ein dadurch hervorgerufenes feindliches Verhältnis mit Eßmann aber nicht bestätigen. Sie lebten, so Stümbke, „wie gute Freunde."

Die letzte Frage der „Interrogatoria generalia" wurde an Gastwirt Poppelbaum gerichtet: „Ob Zeuge wegen des mit dem Reproducten bisher geführten Processes mit demselben in Feindschaft lebe?" – „Nein, gar nicht", war die Antwort.

Es folgte die Spezialbefragung. Es stellte sich heraus, daß sämtliche Zeugen von den beiden streitenden Teilen den Reproducten genau kannten. Auch kannten alle Zeugen „das sogenannte Dühlholz genau". Es war ihnen weiterhin bekannt, oder sie hätten gehört, „daß, als der Reproduct in den Jahren 1818, 1819 und 1820 den Versuch gemacht habe, mit Kühen im Dühlholze zu hüten, der Förster Cornelius in Ottensen solches ihm sofort untersagt, ihn auch im Jahre 1820 zu Bruch gesetzt habe." Der Auhäger Schneider Backe hatte als einziger eine Begründung parat: „... weil in Sachsenhagen dero Zeit die Viehseuche gewesen." Allerdings hätte kaum jemand seine Aussage „auf seinen Eid" wiederholen wollen. Die Auhäger meinten, es wäre vor 2 Jahren, der Ottenser und die Sachsenhäger meinten, es wäre vor 3 Jahren – zur Zeit der Viehseuche in Sachsenhagen – gewesen.

Die Zeugen sollten sich dazu äußern, was sie darunter verstanden, „daß Reproduct in den Jahren 1818 und 1819 den Versuch gemacht zu hüten?"

Zeuge Hartmann: „Ob der Reproduct den Versuch zur Hute gemacht, oder ob er sein Recht ungestört ausüben wollen, darüber wohne ihm keine Wissenschaft bei." Zeuge Langhorst desgleichen. Zeuge Hector: „Ob der Reproduct die Hute blos versuchen wollen, wisse er nicht." die Zeugen Battermann und Steege desgleichen. Zeuge Backe: „Von einem bloßen Huteversuch wisse er nicht." Zeuge Könecke: „Ob der Reproduct die Hute versuchen wollen, sey ihm nicht bekannt." Dasselbe sagten der Zeuge Meffert und die Sachsenhäger Zeugen Stümbke und Poppelbaum.

In Bezug auf die seitens des Amtsaktuars geäußerte Frage, „ob Reproduct in den Jahren 1818 und 1819 nicht mit Kühen und Pferden im Dühlholze gehütet, ohne daß ihm dabei etwas in den Weg gelegt sey", konnte sich niemand mehr so richtig erinnern. Lediglich der Leinweber Steege wusste sich zu erinnern, dass Eßmann die Hude aber wegen der damaligen Viehseuche verboten worden wäre. Forstläufer Könecke hätte die Pferde von Eßmann „dero Zeit gepfandet, die Hute mit den Kühen sey ihm verboten und das Nöthige zu Bruch notirt." (Das heißt mit anderen Worten, dass Könecke die Pferde an sich genommen und eine Notiz im Bruchregister vermerkt hatte. Die Angelegenheit mit der „Pfändung" ist nicht überzubewerten, da es sich hier um eine damals allerorts praktizierte Maßnahme

69

handelt.) Randnotizen in anderer Handschrift zu dieser Aussage bemerkten, dass die Pferde gepfandet waren, weil sie in einen Ellerngarten gelangt waren, und zwar beim 1. Mal „in der Tabaksspinne", beim 2. Mal „auf dem Höltgebrink". Und die Brucheintragung „Ist 1820 geschehen". Aber auch der Forstläufer Meffert entgegnete, er hätte „die Pferde des Reproducten im Jahre 1818 und 1819 selber gepfandet." Meffert war übrigens, wie er noch im weiteren Verlauf der Versammlung angab, seit 1796 „verpflichtet" gewesen.

Dann wurden die Zeugen gefragt, ob ihnen bekannt wäre, „daß der Reproduct in den letzten 22 Jahren, als der Dienstzeit des dermaligen Försters, Cornelius, niemals die Hute mit Hornvieh im Dühlholz ausgeübt habe und ihm solches niemal verstattet sey?" Randnotiz hierzu: „Legen Gewicht auf den Schlussatz der Frage, die verfänglich ist."

Daran konnte sich nur der Auhäger Steege erinnern: „In den Jahren 1814 und 1815 habe Reproduct die Hute zuerst im Dühlholze ausgeübt, vorher habe er darin nicht gehütet." Randnotiz: „Kann als Leinweber hiervon ke. genauere Kenntnis haben, zum Besitzstand ist seine Aussage hinreichend."

Die Zeugen wurden gefragt, wie sie auf ihren Eid versichern könnten, dass der Reproduct 22 Jahre lang im Dühlholz nicht sein Hornvieh gehütet hätte, da es doch auch ohne deren Wissen hätte geschehen sein können. Dieses wollte niemand bestreiten, und man bezog sich zumeist auf die vorherige Aussage. Der Forstläufer Meffert ging da schon etwas weiter: „Da er täglich im Dühlholze gewandert, so habe der Reproduct, ohne daß er es gesehen, wohl nicht hüten können."

Mit der nächsten Frage wurde festgestellt, dass Eßmann durch die Viehseuche nur wenig Vieh, wahrscheinlich 1 oder 2 Stück, verloren hätte und dass ihm seinerzeit das Hüten ausdrücklich untersagt worden wäre. Die fragliche Viehseuche in Sachsenhagen war (laut Randnotiz) 1818 oder 1819.

Dann wurde festgestellt, dass Eßmann mehrere Huteplätze hatte und, da er zur „Sachsenhager Bürgerhute" gehörte, auf dem Sachsenhäger Stadtanger vor Sachsenhagen auch Vieh hütete.

Die nächste Frage zielte auf die Feststellung ab, dass sowohl Eßmann als auch dessen Vorfahren in der Hausstätte Nr. 1 zu Sachsenhagen „seit länger als Menschen Gedenken" die Hude mit Hornvieh im Dühlholz „jederzeit bestritten und verweigert" worden wäre. Entweder bejahten die Zeugen, oder sie unterstrichen noch einmal, dass sie Eßmann dort nie hüten gesehen hätten. Wieder war es einzig der Auhäger Steege, der sich erinnerte: „Er könne der Sache wegen nichts weiter sagen, als daß der Reproduct niemals im Dühlholze gehütet, ausser zu der Zeit, als die Seuche unter sein Hornvieh gekommen." (das wäre aber einige Jahre später gewesen, als oben angeben; d. Verf.)

Die Hut soll Eßmann, so die Zeugen auf Befragung, durch die Forstbehörde (als auch von der Gemeinde Auhagen, so der Ackerbauer Hartmann) untersagt worden sein. Es waren ihnen aber auch keine Fälle bekannt, wo gegen Eßmann deshalb Klage oder Pfandungen vorgenommen wären. Forstläufer Könecke erwähnte noch einmal, „es wäre der Reproduct aber zu Bruch notirt und bestraft." Vielleicht erhoffte sich Amtsaktuar Ernst widersprüchliche Zeugenaussagen, als er die Zeugen noch einmal fragte, „Wann und bei welchen Gelegenheiten solches geschehen sey?" Dennoch bezog sich jeder Zeuge auf seine vorherige Aussage. Auch die anschließend geäußerte Frage, „worin denn die Störung des Hutebesitzes eigentlich bestanden habe", erzielte nicht den gewünschten Erfolg, da der Großteil der Zeugen nicht von einer Hutestörung wusste. Allerdings entgegnete wieder der Ackerbauer Hartmann, „man habe den Reproducten gepfandet." Im Protokoll befindet sich hierneben wieder eine Randnotiz: „Lüge ! verwechselt das mit dem Pferde-Pfänden von 1819 u 20".

Als nächstes hatten die Zeugen sich zu der Frage zu äußern, ob sie „von Jugend auf immer gegenwärtig gewesen" und gesehen hätten, welches Vieh im Dühlholz weidete. Die beiden Sachsenhäger und die Auhäger Hartmann und Langhorst verneinten, die übrigen bejahten, wobei der Auhäger Hector angab, „er wäre 8 Jahre nach Amerika abwesend gewesen." Der 66-Jährige gab weiterhin an, er sei im Dühlholz „vielfältig beschäftigt" gewesen.

Auf die Frage, wie die Zeugen hätten beobachten können, wohin Eßmann sein Vieh zur Hute getrieben hätte, wurde nicht konkret entgegnet, Eßmann hätte dort gehütet. Eher das Gegenteil wurde zu Protokoll gebracht, dass Eßmann dort niemals gehütet hätte. Gastwirt Poppelbaum wusste einen weiteren Sachverhalt zu schildern: „Der Reproduct habe immer vor den Sachsenhäger Hirten sein Vieh gehütet."

Bürgermeister Stümbke gab auf Befragen an, er wäre zehn Jahre lang in Holland gewesen.

„Ob Zeugen nicht bekannt, daß Reproduct der einzige Bürger in Sachsenhagen sey, der die Hute im ganzen Dühlholze seit undenklichen Jahren hergebracht habe?" Davon wusste niemand.

„Wahr, und Zeugen bekannt, daß schon vor langen Jahren und seit dem 17. Jahrhundert nicht nur die Landesherrschaft, sondern auch die Dorfschaften Auhagen und Lindhorst dem Reproducten alle und jede Hute im Dühlholze mit Hornvieh abgesagt und bestritten hätten?" Davon hatte man zum Teil (Hartmann, Backe, Könecke und Stümbke) gehört, wobei Stümbke sich noch genauer äußerte: Er meinte sogar, „darüber einstmals eine alte Urkunde gelesen zu haben." Amtsaktuar Ernst hakte nach und stellte heraus, dass es Hartmann, Backe und Könecke „von Hörensagen bekannt" war.

„Ob daraus, daß dem Reproducten die Hute schon vor langen Jahren und seit dem 17ten Jahrhundert bestritten worden, nicht abzunehmen sey, daß er vor so langen Jahren schon, und nicht erst seit den letzteren paar Jahren im Dühlholz gehütet haben müsse", wusste keiner der Zeugen zu beurteilen.

Die Frage, „Ob Zeuge auf seinen Eid behaupten wolle, daß dem Reproducten durch Urtheil und Recht die Hute im Dühlholze mit Hornvieh aberkannt wäre?", bejahte nur der Ackerbauer Hartmann: „Ja, das glaube er, denn er stehe in der Meinung, daß darüber noch ein Bescheid vorhanden sey."

Schließlich, bevor die Zeugen entlassen wurden, fragte der Amtsaktuar [gehörte zum Hilfspersonal eines Bezirksamtes]: „An welchem Gericht, in welchem Jahre und gegen welche Parthei Reproduct denn wegen dieser Hute vor Anfang des gegenwärtigen Processes geklagt oder Proceß geführt habe?" Davon wusste keiner der Zeugen.

Am 27. Juli 1822 erschien „klägerischerseits" der Procurator Lang mit den Aussagen der vier „Probatorialzeugen" [Probatorial = glaubwürdig] auf dem Obergericht in Rinteln. Folgende Aussagen waren nach seinem Dafürhalten „besonders hervorzuheben":

Die des 1. Zeugen, des 70-jährigen Heinrich Wegener (...), „er könne auf seinen geleisteten Eid versichern, daß der Producent oder dessen Vorfahren seit länger als 50 Jahren mit seinem Hornvieh und Pferden im Dühlholze gehütet und habe er niemals von einer Störung etwas erfahren."

Gleiches hätten die Probatorialzeugen J. H. Buschmann, 66 Jahre, und J. H. Hartmann, 68 Jahre, angegeben: „daß Producent und dessen Vorfahren sich schon vor länger als Menschen Gedenken, und so lange sich Zeuge erinnern und besinnen könne, im ruhigen und ungestörten Besitze dieser Hude im Dühlholze mit so vielem Hornvieh und Pferden, als ihnen beliebt, befunden haben." Sie hätten weiter versichert, „daß Producent und dessen Vorfahren solches stets im ganzen Umfange des Dühlholzes ausgeübt hätten, wo und so oft es ihnen beliebt habe".

Weiter hieß es, „daß ihnen von Jugend auf bekannt sey, wie den Besitzern der Producentischen Hausstelle unter allen Sachsenhäger Bürgern von Alters her allein das Recht zustehe, allenthalben im Dühlholz mit Hornvieh und Pferden zu hüten, solches auch jederzeit ausgeübt hätten."

Außerdem wollten alle vier Zeugen das Hüten des Eßmann 1820, 1819 und 1818 sowohl mit seinem Hornvieh als auch mit seinen Pferden im Dühlholz „würklich mit angesehen haben, und zwar sehr oft, unzähligemal."

Die beiden „Additionalzeugen", der 55-jährige Diederich Heydorn und der 71-jährige Johann Heinrich Gevecke, „hätten in ihren Aussagen sowohl hinsichtlich dessen, was den Besitzstand der letzteren Jahre vor angestellter Klage, als den unvordenklichen Besitzstand des Klägers betreffe, wo möglich noch vortheilhafter für den Kläger gezeuget. Eine besondere Aufmerksamkeit verdiene jedoch deren Aussage ..., denn der erste versichere darin,

daß er schon seit 40 Jahren, jedes Jahr hindurch die Hude des Producenten, im Dühlholze mit dem Hornvieh eben sowohl als mit den Pferden angesehen,

und dehne solches ... sogar dahin aus,

daß er während der 40 Jahre, welche er schon auf der Mühle vor dem Dühlholze zugebracht, diese Hude des Producenten fast täglich mit angesehen habe,

der letztere aber, daß er, so oft er in das Dühlholz gekommen sey, die Producentische Hude mit Kühen und Pferden gesehen habe und ... daß Producent im Dühlholz so weit gehütet habe, als er mit seinem Vieh habe kommen können."

Im Anschluss wurden noch einmal die Ergebnisse der Befragung durch Amtsaktuar Ernst in Augenschein genommen. Es wurde unter anderem festgestellt: „So wolle z.B. der 1. Repr. Zeuge ... was davon wissen, daß dem Kläger die Hude im Dühlholz mit Hornvieh seit dem 17. Jahrhundert bestritten gewesen sey; der 6. und 7. wolle davon gehört haben, der 9. eine alte Urkunde darüber gelesen haben. Aus den Antworten auf die Interrogatoria gehe indeß hervor, daß sich einige Dienst-Leute ein Hirngespinst in den Kopf gesetzt haben, was auf Hörensagen beruhet, und daß die Urheber solcher ausgestreuten Mährchen wohl Niemand anders seyn könne, als sie selber oder andere Hude Interessenten des Dühlholzes, denen die Klägerische Berechtigung zuwider ist."

An anderer Stelle hieß es: „Alle gegenseitigen Zeugen hätten auf eine oder die andere Weise ein Interesse bey der Sache. Der größere Theil habe solches als Einwohner von Auhagen, weil die Gemeinde Auhagen die Hude im Dühlholz exercire, und werde in der Depostion des 1. Zeugen ...

sowohl von der Forstbehörde als auch der Gemeinde Auhagen sey dem Kläger die Hude abgesagt und bestritten

ohne Hehl eingestanden. Der 7. und 8. Zeuge hätten als Forstläufer noch größeres Interesse bey der Sache, weil sie sich vor dem Vorwurf scheueten, daß vielleicht durch ihre Nachlässigkeit und Mangel an Vigilanz [von lat. vigilantia: „Wachheit", „Schlauheit", Daueraufmerksamkeit] es dem Kläger gelungen sey, im Dühlholz die Hude Gerechtigkeit zu erlangen. (...)"

Seitens des Kurfürstlich Hessischen Obergerichts erging am 26. Juli 1823 folgender

Bescheid
in Sachen
des Bürgers Heinrich Ludwig Eßmann in Nr 1 zu Sachsenhagen, Klägers
wider
den Staats=Anwalt, Namens des hiesigen Forstamts, Beklagten
pto Störung der Hute im Dühlholze.

Wird die von dem Kläger nach dem Termine überreichte Vorstellung zu den Akten zu nehmen verordnet und in der Sache selbst,
in Erwägung,
daß Kläger, wie die von ihm vorgeschlagenen Zeugen, nach deren einstimmiger Aussage, häufig gesehen haben, vor dem im Jahre 1820 vom Förster Cornelius vorgenommenen Verbote mit so viel Hornvieh und Pferden, als es ihm beliebt habe, im Dühlholze, ohne alle Widerrede geführt hat;
daß hierdurch alle im festgestellten Beweissatz enthaltenen Thatsachen dargethan sind;
daß dieselben auch keineswegs durch die Antworten der Gegenbeweiszeugen widerlegt wurden, da sie theils nur vom Nichtwissen deponiren, (...)
theils höchst schwankende Aussagen thun und ihre allgemeinen Behauptungen nicht durch Anführung besonderer Umstände unterstützen; (...)
bald aber als Theilhaber der Mithute im Dühlholze
bald als Unterbediente der beklagten Behörde, verdächtig erscheinen

der dem Kläger durch Bescheid vom 21. Juli 1821 auferlegte Beweis für vollständig erbracht erklärt und Kläger in dem Besitze der uneingeschränkten Hute mit Hornvieh und Pferden im Dühlholze, Ottensen Forstes, geschützt, Beklagten auch, mit Vorbehalt des Petitoriums, angewiesen, jede Störung desselben, bei namhafter Strafe zu unterlassen, und alle durch dieses Verfahren veranlaßten Kosten, vorbehaltlich deren richterlicher Ermäßigung, binnen 4 Wochen, zu ersetzen. V. R. W.
Publicatum Rinteln den 26. Juli 1823
Kurfürstlich Hessisches Obergericht
Wippermann.

In Sachsenhagen wurde der Bescheid daraufhin von Vizebürgermeister Dühlmeyer umgesetzt.

Am 25. Oktober 1835 erfolgte der Erlass eines Gesetzes, welches die Teilung der Hudegemeinschaften regelte.

Im Juni 1855 war noch einmal von den Hudegerechtsamen der Sachsenhäger Hausstelle Nr. 1 die Rede, als diese von der Stadt Sachsenhagen von dem nach den Vereinigten Staaten ausgewanderten Färbermeister Ludwig Haupt für 5605 Taler erworben wurde. Der Sachsenhäger Bürgermeister (1854–57) Heinrich Ludewig Korthöber meldete der „Kurfürstlichen Regierungs-Commission der Grafschaft Schaumburg" am 5. Juni 1855, dass die uneingeschränkten Hudegerechtsame mit Hornvieh und Pferden nunmehr der Stadt gehörten und bat um die Genehmigung, diese verpachten zu dürfen. Als Anlage fügte er die komplette Prozesssache von 1822/23 bei. Die Genehmigung wurde erteilt, die Hut im Dühlholz wurde dem Müller Reinecke für die Dauer von sechs Jahren für die jährliche Pacht von zwei Reichstalern von 1856–1862 verpachtet. Das Hauptsche Haus wurde 1855/56 zum Schulhaus umgebaut.

Schöttlingen

Ein größeres Schadenfeuer, das sich 1814 in Schöttlingen ereignete, wird in der ursprünglich 1625 begonnenen „Historia Linthorstana" erwähnt. Beginnend auf der Doppelseite 121 (Seite 243) wurde in der Pfarrchronik auf Befehl des vormundschaftlichen Konsistoriums zu Bückeburg vom 24. Juli 1804 ab 1805 eine „kleine Gemeine-Chronick" geführt (beginnend mit Eintragungen vom Prediger Johann Georg Wedekind). Über das Feuer verlautete: „Der Mai war fast beständig kalt u. trocken. D. 27ten Mai wurde Lindhorst früh morgens durch eine Feuersbrunst in dem Windheimschen Hause Nr. 2 in Schöttlingen erschreckt. Weil der Wind das Feuer südwärts trieb, wurden sonst keine Gebäude verletzet. Das Wohnhaus aber, so erst vor 11 Jahren neu erbauet worden, ging mit dem meisten HausRath, vorrätigem Getreide, 2 Pferdefüllen u. 3 Kälbern verlohren. Das Feuer hatte auf dem Balken den Anfang genommen, ohne gewisse Ursache davon angeben zu können."

Apropos Schöttlingen: In der „Zeitschrift die gesammte Staatswissenschaft" verlautet:[124]

Nach dem Vertrage vom 13. November 1841 ist die Kurhessische Grafschaft Schaumburg (übrigens ausschliesslich der Ortschaften Schöttlingen und Eickhöfen) mit zur Zeit 35,715 Köpfen dem preussischen Branntweinsteuersystem angeschlossen.

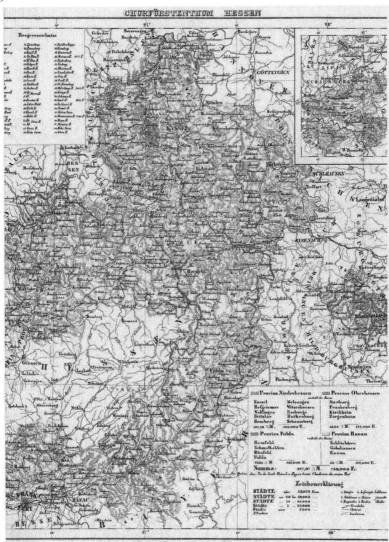

Abb. 14: Landkarte von Churhessen mit Schaumburg-Lippe, 1844.

---

[124] Zeitschrift für die gesammte Staatswissenschaft, 17. Band, Tübingen 1861, S. 417.

Sachsenhagen

Der Archivar und Historiker Georg Landau (1807–1865) beschreibt Auhagen und Sachsenhagen in seiner „Beschreibung des Kurfürstenthums Hessen“ von 1842 so:[125]

Sachsenhagen, die nördlichste der hessischen Städte, liegt in der Ebene auf einer Insel der Aue, 5½ Stunden von Rinteln. Südlich von der Stadt liegen die Trümmer des gleichnamigen Schlosses. Dieses Schloß baute der Enkel Albert des Bären, Herzog Albert von Sachsen, und verglich sich darüber 1253 mit dem Bischöfe Widekind von Minden, der, damals sich in dem Mitbesitze des Schlosses befand, und dessen Nachfolger, Kuno, dasselbe dem Herzoge zu Lehn gab. Als Alberts Nachkomme, der Herzog Johann, seine. Tochter Helene mit dem Grafen Adolph VI. von Schaumburg, der 1315 starb, vermählte, setzte er für den versprochenen Brautschatz das Schloß und Amt Sachsenhagen als Pfand ein, welches, da es nicht wieder abgelöst wurde, seitdem den Grafen von Schaumburg verblieb. Graf Ernst von Schaumburg baute das Schloß von Neuem und residirte hier bis 1601. Neben dem Schlosse hatten sich schon frühe, der Sage nach, 7 Meier angebaut; später erwuchs aus diesem Anbaue ein Flecken, der 1619 niederbrannte und 1686 zu einer Stadt erhoben wurde. Sachsenhagen ist nichts weniger als schön, und zählt mit dem nördlich an dasselbe stoßenden und seit 1839 zur Stadt geschlagenen Dorfe Kuhlen, sowie dem Staatsgute, welches dem Schlosse gegenüber liegt, dem alten Vorwerke des Schlosses, 111 H. und 767 E., die sich von dem Betriebe des Landbaus ernähren. Die 5231 Aecker haltende Gemarkung umfaßt an 2290 Aecker Land. Auch besitzt dasselbe 2 Jahrmärkte. Bis zum J. 1676 hatte Sachsenhagen keine eigene Kirche. – Zwischen Sachsenhagen und Düdinghausen, von jedem ¼ Stunde entfernt, befindet sich am Abhange des düdinghäuser Berges ein Mineralbrunnen.

Auhagen, Dorf, zieht sich stundenlang links der sachsenhager Aue hin. Der nördliche Theil wird auch wohl Rhaden, der äußerste südliche vor der Schier genannt. Es hat 79 H. und 535 E.

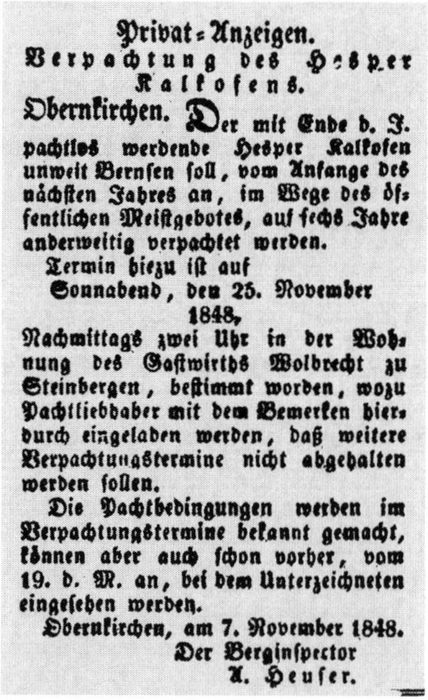

Privat-Anzeigen.

Verpachtung des Hesper Kalkofens.

Obernkirchen. Der mit Ende d. J. pachtlos werdende Hesper Kalkofen unweit Bernsen soll, vom Anfange des nächsten Jahres an, im Wege des öffentlichen Meistgebotes, auf sechs Jahre anderweitig verpachtet werden.

Termin hiezu ist auf

Sonnabend, den 25. November 1848,

Nachmittags zwei Uhr in der Wohnung des Gastwirths Wolbrecht zu Steinbergen, bestimmt worden, wozu Pachtliebhaber mit dem Bemerken hierdurch eingeladen werden, daß weitere Verpachtungstermine nicht abgehalten werden sollen.

Die Pachtbedingungen werden im Verpachtungstermine bekannt gemacht, können aber auch schon vorher, vom 19. d. M. an, bei dem Unterzeichneten eingesehen werden.

Obernkirchen, am 7. November 1848.

Der Berginspector
A. Heuser.

← Abb. 15: Anzeigen des Fürstenthums Schaumburg-Lippe 1848, Seite 268.

[125] LANDAU, wie oben, S. 363.

1850

Grafschaft Schaumburg

In den Anzeigen des Fürstenthums Schaumburg-Lippe verlautete am 12. Juli 1862:

Im Anfang des Monats October d. J. wird der Schaumburger Landwirthschafts-Verein zu Rinteln ein landwirthschaftliches Fest, verbunden mit einer Viehverloosung, veranstalten, zu welcher Loose à 1 rT, für Vereinsmitglieder à ¼ rT, bis zum 15. August bei dem Unterzeichneten zu haben sind.

Diejenigen Gewinner des zur Verloosung kommenden Vieh's, welche dasselbe nicht zur Nachzucht verwenden wollen, können das gewonnene Vieh gegen ein vor der Verloosung bewirktes Taxatum dem Vereine, käuflich überlassen.

Bückeburg, den 10. Juli 1862.

W. Knodt.

Durch königliches Gesetz vom 7. September 1866 wurde das Kurfürstentum Hessen mitsamt der Grafschaft Schaumburg preußisch, 1867 als Kreis Rinteln – ab 1905 Kreis Grafschaft Schaumburg – Teil der Provinz Hessen-Nassau im Regierungsbezirk Kassel und ab 1932 des Regierungsbezirks Hannover der gleichnamigen Provinz.[126]

Auhagen

Im Jahre 1894 gründeten 14 sangesfreudige Auhäger aus dem Ortsteil Rähden im Gasthaus Böhme („Schaumburger Krug") den Männergesangverein Concordia Auhagen. Erster Chorleiter wurde Wilhelm Brinkmann. Der Chor musste in den ersten Jahren seines Bestehens besonders zusammenhalten; denn es hatte in Auhagen bereits einen Männergesangverein auf der „Schier" gegeben, sodass es nicht leicht war, Mitglieder zu gewinnen. Doch langsam wuchs deren Zahl, die Übungsabende wurden im Gründungslokal abgehalten. Später wechselte man in eine Werkstatt, ehe man sich 1910 im Gasthaus Buhr etablierte.[127]

Bad Nenndorf

In der Publikation „Bad Nenndorf" des Physikus Dr. Neussel, seit 1858 Brunnenarzt in Bad Nenndorf heißt es 1860:[128]

Bad Nenndorf liegt in der kurhessischen Grafschaft Schaumburg, nahe der Eisenbahn von Minden nach Hannover, in der Nähe der Station Haste, wo jeder Eisenbahnzug bei Tage und bei Nacht anhält und die Curgäste und Reisenden

---

[126] HEIMATVEREIN SACHSENHAGEN-AUHAGEN (Hrsg.), Haga Saxenum – 333 Jahre Stadt Sachsenhagen 1650–1983 – Eine kleine Chronik aus Anlass der 333. Wiederkehr der Verleihung der Stadtrechte im Jahre 1650, S. 5.
[127] MATTHIAS BLAZEK, 75 Jahre Ortsfeuerwehr Auhagen 1932–2007, Auhagen 2007, S. 16. Ausführlich: ALEXANDRA BLUME, Festschrift aus Anlass der 111-Jahrfeier des Männergesangvereins Concordia Auhagen e.V., Auhagen 2005.
[128] Bad Nenndorf – Mittheilungen vom PHYSIKUS DR. NEUSSEL, Brunnenarzt daselbst, Rinteln 1860, S. 3.

stets Postwagen und Omnibus parat finden, um damit Nenndorf in einer halben Stunde zu erreichen. Bad Nenndorf liegt unmittelbar an dem Kirchdorfe Groß-Nenndorf, an 230 Fuß über dem Spiegel der Nordsee, am letzten nordwestlichen Vorsprunge des Deistergebirges; seine Quellen werden schon von einem Zeitgenossen Luthers erwähnt und sind seit 1789 zu einem Bade hergerichtet. Viele berühmten Männer der Wissenschaft haben Nenndorf besucht und seine Wirksamkeit erprobt und gepriesen, dennoch habe ich gefunden, daß unser reichhaltiger Heilapparat nicht so bekannt ist, wie er es verdient, weshalb ich mir erlaube, denselben mit wenigen Worten zu beschreiben und einige weitere Mitteilungen beizufügen.

Abb. 16: Ansichtskarte mit dem Motiv des Hotels Esplanade in Bad Nenndorf.

Bad Nenndorf

Schon in der kurhessischen Zeit 1803–1866 bestanden Vorschriften zur Sicherung des Eigentums gegen Unglücksfälle von Seiten der Elemente. Nach einer Verordnung der kurfürstlichen Regierungskommission in Rinteln vom 22. Mai 1858 war jeder Bewohner der Grafschaft Schaumburg verpflichtet, beim Ausbruch eines Brandes an dessen Bekämpfung mitzuwirken. Bürgermeister und Ortsvorstände waren angewiesen, Einwohner zur Abgabe der herkömmlichen Feuerzeichen zu bestimmen, mehrere Feuerreiter und Feuerläufer einzuteilen und in Orten, in denen Spritzen vorhanden waren, für deren ordnungsmäßige Besetzung zu sorgen. Aufgrund dieser Anordnungen kam durch Zusammenarbeit zwischen dem Staatsbad und der beiden Gemeinden Groß- und Klein-Nenndorf die Gründung einer freiwilligen Feuerwehr zustande.[129]

Am 6. Juni 1880 fanden die ersten Besprechungen über Maßnahmen eines wirksamen Feuerschutzes statt. Den Vertretern des Staatsbades und der beiden Nenndorfer Gemeinden standen hierbei sicher noch die ungenügenden Hilfsmaßnah-

---

[129] MATTHIAS BLAZEK, Feuerwehrwesen im Landkreis Schaumburg im 19. Jahrhundert, 2., aktualisierte und ergänzte Aufl., Adelheidsdorf 2002, S. 32 f.

men beim Brand des Großen Logierhauses am 20. Juli 1874 vor Augen. Trotz großer Anstrengungen war das Gebäude bis auf die Grundmauern niedergebrannt. Hinzu kam, dass im Jahre 1873 im Bantorfer Bergwerk wasserführende Klüfte angehauen waren und deshalb die Nenndorfer Wasserstände ständig niedriger wurden. Zwischen Groß-Nenndorf und der Landwehr waren, bis auf zwei, alle Brunnen versiegt. Bei den Verhandlungen am 6. Juni 1880 wurde vereinbart, die nicht ausreichenden Löschgeräte durch das Staatsbad zu vervollständigen und die Löschmannschaften von den beiden Gemeinden zu stellen.

Zum ersten Wehrführer wurde der Bademeister Martin Heinrich Heckmann bestimmt, der sogleich mit der Aufstellung und Ausbildung der Feuerwehr begann. Wie aus der Chronik nachzulesen ist, hatte Heckmann die Wehr in straffer Zucht und Ordnung nach militärischen Grundsätzen geführt. An manchen Übungstagen jener ersten Jahre rollten den Feuerwehrmännern die Schweißperlen unter dem Helm hervor.

Die anfängliche Mitgliederzahl war noch verhältnismäßig klein. Sie erhöhte sich aber ständig, als eine neue Spritze, eine Steigleiter und ein Rettungssatz nebst dem erforderlichen Schlauchmaterial beschafft worden war. Schon wenige Jahre nach ihrer Gründung hatte die Feuerwehr 70 aktive Mitglieder.

Der erste Wehrführer Bad Nenndorfs verstarb am 31. Juli 1889 im Alter von 49 Jahren. Nachfolger wurde der Badeinspektor Oberstleutnant Burchhardt, der zu seinem ständigen Vertreter den Kommissionsrat Munzel einsetzte.

15 Jahre nach Gründung der Wehr hatte sich die Zahl der Mitglieder auf 164 erhöht. Zwei Spritzen und ein Zubringer standen für den Einsatz zur Verfügung. Die Leitung der Spritzen lag in den Händen des damaligen Bürgermeisters Kramer und dessen Stellvertreters Apolant.[130] Für den Zubringerdienst war der Maschinenmeister Lubkoll und als sein Vertreter der Schlosser Blumenberg verpflichtet. Kurz nach 1895 muss eine weitere Spritze verfügbar gewesen sein, denn in einer damaligen Organisationsübersicht war Folgendes niedergeschrieben: „Die Spritze Nr. 3 ist stets von einem Groß-Nenndorfer Gespann nach auswärts zu fahren, ist es aber bei größerem Feuer nötig, daß die Spritze Nr. 2 nach auswärtigen Dörfern gefahren werden muß, so geschieht dieser Transport von Nenndorf aus gegen eine Vergütung von drei Mark, zahlbar aus der Spritzenverbandskasse".

---

[130] Simon Apolant, geboren am 7. Mai 1834, hatte mit seiner Frau im Haus Hauptstraße 27 einen Kaufmannsladen gegründet. Er war ein verdienter Bürger der Gemeinde Bad Nenndorf, dem auch öffentliche Aufgaben übertragen waren (in der Freiwilligen Feuerwehr und als Schiedsmann der Gemeinde Groß Nenndorf). Er nahm diese Aufgaben in Bad Nenndorf tatkräftig wahr. Er war mehrere Jahre Vorsteher der jüdischen Gemeinde Rodenberg. Nach seinem Tod führten seine Frau Jeanette und seine Schwägerin Franziska Kahn den Laden weiter. (Historisches Handbuch der jüdischen Gemeinden in Niedersachsen und Bremen, Band 2, hrsg. von HERBERT OBENAUS, Göttingen 2005, S. 1318.)

Abb. 17: 25-Jahr-Feier der Freiwilligen Feuerwehr Bad Nenndorf im Jahre 1905.

Um die Jahrhundertwende bestand in der Wehr eine straffe Einteilung für die Bedienung der Spritzen und der übrigen Löschgeräte. Wehrführer war nunmehr Heinrich Döpke, wie aus dieser Anekdote von Walter Münstermann im „Schaumburger Wochenblatt" hervorgeht.

Einen richtigen Hauptmann von Köpenick hat es in Bad Nenndorf natürlich nicht gegeben, aber eine kleine Köpenickiade" wird in alten Quellen doch erzählt. Sie spielte sich um die passende Zeit ab: kurz nach 1900. Die 37. preußische Infanterie-Brigade hielt gerade Geländeübungen in der Gegend von Rodenberg ab. Die Straßen, die ins Manövergelände führten, waren mit Schulklassen und erwachsenen Schaulustigen stark bevölkert. Da löste sich aus der Zuschauermenge ein Reiter, mit einem ausgedienten Offiziersmantel angetan, auf einem ziemlich zivilen Kutschpferd, und wurde zunächst von den Gendarmen angehalten. Sobald er aber Titel und Herkunft nannte, legten sie die Hand an den Helm und nahmen Haltung an. Es war ihnen bekannt, dass sich in Bad Nenndorf sehr oft alte Militärs zur Kur aufhielten. So gelangte der etwas seltsame Reiter bis an ein bestimmtes Waldstück.

Das Unternehmen hatte man am Vorabend in bierseliger Stimmung am Stammtisch ausgeheckt. Man war zu der Auffassung gelangt, dass die Nenndorfer Feuerwehr auf dem Manövergelände vertreten sein müsse.

Wie ging es nun weiter? Die Gefechtsübung verlief ohne Zwischenfälle, am Nachmittag wurde „Das ganze Halt" geblasen, wenig später rief ein Trompetensignal die Herren Offiziere zur Manöverkritik. Aus Gebüschgruppen und Waldrändern setzten sich Reiter in Bewegung; auch der Vertreter der Nenndorfer Feuerwehr war dabei. Allerdings wurde der Kommandeur auf den seltsamen

Typen aufmerksam und schickte seinen Adjutanten los, um festzustellen, wer denn das wäre, der mit seinem Grad beim Anreiten soviel Flurschaden verursachte. „Das ist der Hauptmann der Nenndorfer Feuerwehr", meldete der Adjutant. Und der Kommandeur gestattete ihm doch tatsächlich, der Kritik beizuwohnen.

Als alle Einzelheiten besprochen und die Rüffel verteilt waren, richtete der Kommandeur die Frage an den Vertreter Nenndorfs: „Na, Herr Hauptmann, nun möchte ich mal hören, was Sie zu bemängeln haben!" Augenzeugen berichten, wie der Hauptmann erstmal verlegen schluckte, dann aber schlagfertig antwortete: „Herr General, es hat alles tadellos geklappt. Nur die Artillerie hat schlecht geschossen!" Woher er das denn wissen wolle? „Herr General, es hat doch nirgends gebrannt." „Bestellen Sie Ihren Kameraden, es käme demnächst eine neue Schießvorschrift", soll der Kommandeur entgegnet haben. Die Offiziere grinsten dazu. Das Erlebnis hat man in Nenndorf noch am selben Abend toll gefeiert. Der Feuerwehrhauptmann hieß Heinrich Döpke, und die Nenndorfer nannten ihn fortan „General Blücher".

Obernkirchen

In Obernkirchen wurde bereits im Jahre 1863 ein Männerturnverein gegründet. Die Gründung scheint aus einem Selbstverständnis heraus erfolgt zu sein, dass Städte über 2000 Einwohner über einen Turnverein verfügen müssten. Im „Statistischen Jahrbuch der Turnvereine Deutschlands" heißt es noch 1863:[131]

Der älteste Verein Hannovers, der Schüler-Turnverein, zugleich der älteste des sechsten Kreises, gab im Jahre 1848 die erste Anregung zur Gründung des Männer-Turnvereins. Es entstand der, letztere lediglich deshalb, weil der Schüler-Turnverein dem Bedürfniß nach turnerischer Ausbildung Erwachsener nicht genügen konnte; beide Vereine gingen Hand in Hand. – Aus dem Männer-Turnverein zweigte sich im Jahre 1858 der Turnclub ab, dessen Gründung Folge von Zerwürfnissen im Männer-Turnverein gewesen. Ist nun auch die Art, wie der Turnclub in's Leben trat, unserer Ansicht nach zu beklagen, so scheint doch das Vorhandensein eines zweiten Männer-Turnvereins in Hannover eine Notwendigkeit zu sein. – Der Turnverein des Arbeitervereins bestand neben dem Männer-Turnverein schon vor Gründung des Turnclubs. – Die Turnvereine der Stadt Hannover umschlingt seit kurzer Zeit ein gemeinschaftliches Band, ein „vereinter Ausschuß der Hannoverschen Männer-Turnvereine".

Der vor Kurzem in Hameln gebildete zweite Verein, der Turnclub, ist wieder eingegangen; seine besseren Mitglieder sind dem Männer-Turnverein beigetreten.

---

[131] Statistisches Jahrbuch der Turnvereine Deutschlands, hrsg. von GEORG HIRTH, Leipzig 1863, S. 106. Vgl. MATTHIAS BLAZEK, Es begann frisch, fromm, fröhlich, frei / Die Anfänge des deutschen Turnwesens – MTV Celle 1847 gegründet / Gesuch an „den wohllöblichen Magistrat und die Bürgervorsteher der Stadt Celle", Sachsenspiegel 50, Cellesche Zeitung vom 12. Dezember 2009.

In den folgenden 8 Städten mit über 2,000 Einwohnern bestehen noch keine Turnvereine: Blomberg, 2,056 Einw. (Lippe-Detmold), Eldagsen, 2,308 Einw. (Hannover), Lage, 2,100 Einw. (Lippe-Detmold), Lemgo, 4,210 Einw. (Lippe-Detmold), Lügde, 2,500 Einw. (in der Preuß. Enclave Pyrmont, dürfte auch hierher zu rechnen sein), Obernkirchen, 2,100Einw. (Hessen-Schaumburg), Rodenberg, 2,100 Einw. (Hessen-Schaumburg) und Walsrode, mit den Vororten 2,496 Einw. (Hannover). — Auch die 3 Landgemeinden Borstel, 2,112 Einw., Hasselwärder, 2,150 Einw., und Twielenfleth, 2,432 Einw., im Amte Jork (Landdrostei Stade), gleichwie die Braunschweig'sche Gemeinde Neustadt-Harzburg, welche aus 6 einzelnen Dorfschaften besteht, die zusammen 4,984 Einw. haben, könnten wohl Turnvereine erhalten. Außer diesen müssen hier auch die noch übrigen selbständigen Städte, ferner die amtsässigen Städte und Flecken genannt werden, in welchen noch keine Turnvereine bestehen. (...)

Als Anfang der 1860er Jahre in allen Städten Turnvereine gegründet wurden oder zu neuem Leben erwachten, wurde auch in unserer Heimat in fast jeder Stadt, wo es noch keinen Turnverein gab, ein Turnverein gegründet: am 15. August 1860 in Minden, 1861 in Bückeburg und Bad Pyrmont, 1862 in Hessisch Oldendorf, Bad Münder und Wunstorf, 1863 in Obernkirchen, und der Turnverein in Rinteln, der als ältester Turnverein bereits 1847 da gewesen war, erwachte zu neuem Leben.[132]

Gründer des Turnvereins MTV Obernkirchen war Theodor Brockmann (* Obernkirchen 7. Januar 1826, † Glesien, Sachsen, März 1905). Brockmann war von 1887 bis 1894 Abgeordneter des Preußischen Kommunallandtags in Kassel (Wahlkreis: Kreis Rinteln), von 1891 bis 1895 war er Stifts-Sekretär beim Stift Obernkirchen.[133]

Ohndorf

Etwa um das Jahr 1854 wird der Löschverband des Kirchspiels und Standesamtsbezirkes Hohnhorst mit den Orten Haste, Rehren, Ohndorf, Helsinghausen, Niengraben und Hohnhorst entstanden sein; denn in einem Teil der Kirchenchronik heißt es, dass eine Anschaffung zurückgestellt worden sei, um die Feuerspritze des Kirchspiels reparieren zu können. Diese Reparatur sei notwendig gewesen. Hohnhorst hatte in der zweiten Hälfte des 19. Jahrhunderts zwei Schulstellen, eine, bei der Mathe und Haste zum Schulverband gehörten, und eine zweite, wozu Helsinghausen gehörte. Ohndorf hatte ebenfalls eine Schule.[134]

Der Spritzenverband wird in den Ohndorfer Gemeindeprotokollen erwähnt, und zwar das erste Mal am 3. Juli 1893. Die Gemeinde, bestehend aus den Gemeinderäten Läseke und Riechers sowie dem Bürgermeister Riechers, beschloss damals die Anschaffung einer zweiten Feuerspritze im Kirchspiel Hohnhorst „auf

---

[132] ALBRECHT WEHLING, 90 Jahre Freiwillige Feuerwehr Stadthagen 1868–1958, Stadthagen 1958, S. 10.

[133] DIETER PELDA (Bearb.), Die Abgeordneten des Preußischen Kommunallandtags in Kassel 1867–1933 – Der Provinziallandtag in Hessen-Nassau 1885–1933, Marburg 1999, S. 26.

[134] KRÖGER, wie oben, S. 48.

eigne Kosten". Man kam zu der Übereinkunft, dass wenn der Spritzenverband aufgelöst werden sollte, eine neue Feuerspritze angeschafft werden würde. Am 12. August 1893 wurde vom Gemeinderat der Kauf einer Feuerspritze für Ohndorf beschlossen, die 1400 Mark kosten und „von den Bürgermeister und Vizebürgermeister" bei der „Feuerspritzen-Fabrik, Louis Tidow, Hannover" in Hannover-Badenstedt gekauft werden sollte.

Hier ein Blick auf die entsprechende Seite des Gemeindeprotokollbuchs (jeder Eintrag mit Gemeinde-Siegel versehen):

Gegenstand der Verhandlung	**Beschluß**
Eine zweite Feuerspritze im Kirchspiel Hohnhorst anzuschaffen.	*Wurde einstimmig von der Gemeindeversammlung beschlossen eine zweite auf eigene Kosten anzuschaffen, wenn der Spritzenverband getrennt. Ohndorf, den 3. Juli 1893. Gemeinderath Bürgermeister Läseke Riechers Riechers*
Ankauf von Sandsteinen zur anhöhung eines Kanals.	*Wurde einstimmig von der Gemeindeversammlung beschlossen 6 Mtr. Steine von Paul von Bekedorf zu kaufen und anfahren zu lassen. Ohndorf, den 6. Juli 1893. Gemeinderath Bürgermeister Läseke Riechers Riechers*
Kieslieferung auf hiesige Communikationswege.	*Wurde beschlossen Kies aus der Aue an den Mindestfordernden zu verdingen. Ohndorf, den 20. Juli 1893. Gemeinderath Bürgermeister Läseke Riechers Riechers*
Ankauf einer neuen Feuerspritze.	*Wurde beschlossen eine Feuerspritze zu 1400 M von Tidow aus Hannover zu kaufen von den Bürgermeister und Vicebürgermeister. Ohndorf, den 12. August 1893. Gemeinderath Bürgermeister Läseke Riechers Riechers*

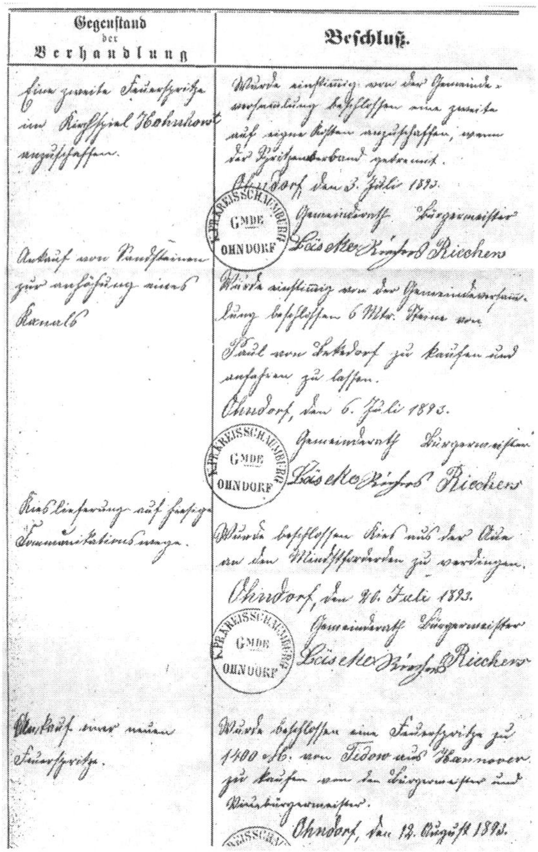

Abb. 18: Blick in die Ohndorfer Gemeindeprotokolle.

Obernkirchen

Obwohl in Obernkirchen eine organisierte Pflichtfeuerwehr in Stärke von 400 Mann bestand, zeigten sich bei der Brandbekämpfung doch viele Mängel. Es fehlte an der sachkundigen Führung, und mit der notwendigen Organisation des bunt zusammengewürfelten Haufens ging immer kostbare Zeit verloren. Nach dieser Erkenntnis wurde im Jahre 1893 der Versuch gemacht, eine freiwillige Feuerwehr zu gründen, aber erst im Jahre 1899 kam die Gründung zustande.

Am 6. Januar 1899 legte der damalige Bürgermeister, Heinrich Dreyer, der Stadtverordnetenversammlung einen Plan vor, nach welchem eine kleine Berufsfeuerwehr, eine so genannte bezahlte Spritzenmannschaft angeworben werden sollte. Die kleine Mannschaft sollte aus solchen Leuten bestehen, die in Bedarfsfällen schnell und jederzeit „zur Hand" waren. Als dieser Vorschlag scheiterte, wurde am 21. Januar 1899 von den Stadtverordneten angeregt, in einer vom Bürgermeister einzuberufenden Bürgerversammlung noch einmal den Versuch der Gründung einer völlig freiwilligen Feuerwehr zu machen; und diese

Zusammenkunft aller Bürger, die gewillt waren, in eine zu bildende „Freiwillige Feuerwehr“ einzutreten, brachte endlich den gewünschten Erfolg.

Es verpflichteten sich sofort 42 Bürger und im Laufe der nächsten drei Wochen noch 21.

Zur Ausarbeitung der Statuten wurde eine Kommission von sechs Mitgliedern bestimmt, bestehend aus folgenden Kameraden: Referendar Richard Herzog – erster Hauptmann der Feuerwehr –,[135] August Ackemann, Meinecker, Fleischhauer, Gehlhaus und Redeker. Die erste Generalversammlung am 27. März 1899 wurde von 70 Wehrmännern besucht. Die Statuten wurden angenommen, der Vorstand wurde gewählt, und nach Erledigung einiger organisatorischer Fragen hatte die Vereinigung ein festes Gefüge bekommen. Von den Gründern der „Freiwilligen Feuerwehr“ lebten beim 60-jährigen Bestehen im Jahre 1959 noch zwei Mitglieder: Friedrich Baake und Karl König.

Nachdem die erforderlichen Bekleidungs- und Ausrüstungsstücke beschafft waren, ging es unter der zielbewussten Leitung des Hauptmanns Herzog frisch und fröhlich an die Ausbildungs- und Übungsarbeit. Durch finanzielle Unterstützung vonseiten der Stadt und der dortigen Firmen war es im Laufe der Jahre möglich, den anfänglich kümmerlichen Gerätebestand beträchtlich zu erweitern und zu modernisieren.

Nachdem Referendar Herzog 1900 zum Bürgermeister der Stadt Obernkirchen gewählt worden war, übernahm im Jahre 1901 der Stadtkämmerer K. Bornemann die Führung der Freiwilligen Feuerwehr Obernkirchen und hat sie 27 Jahre lang geleitet.[136]

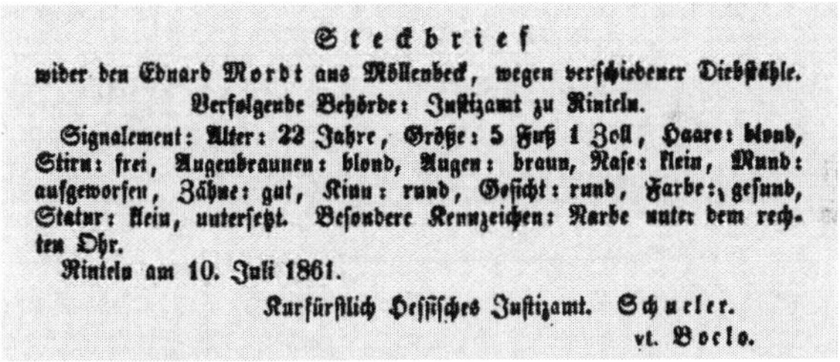
Steckbrief
wider den Eduard Mordt aus Möllenbeck, wegen verschiedener Diebstähle.
Verfolgende Behörde: Justizamt zu Rinteln.
Signalement: Alter: 22 Jahre, Größe: 5 Fuß 1 Zoll, Haare: blond, Stirn: frei, Augenbraunen: blond, Augen: braun, Nase: klein, Mund: aufgeworfen, Zähne: gut, Kinn: rund, Gesicht: rund, Farbe: gesund, Statur: klein, untersetzt. Besondere Kennzeichen: Narbe unter dem rechten Ohr.
Rinteln am 10. Juli 1861.
Kurfürstlich Hessisches Justizamt. Schueler.
vt. Boclo.

Abb. 19: Fürstlich-Lippisches Regierungs- und Anzeige-Blatt vom 13. Juli 1861, Seite 423.

Rinteln

Steckbrieflich wurde 1861 Eduard Mordt aus Möllenbeck gesucht. Der Steckbrief wurde abgedruckt im Fürstlich-Lippischen Regierungs- und Anzeige-Blatt (Detmold) vom 13. Juli 1861.

[135] Richard Herzog (1868–1950), antisemitischer Abgeordneter, 1899 Beigeordneter, 1900–1931 und 1933–1939 Bürgermeister von Obernkirchen, 1906–1918 Mitglied des Reichstags (Deutschsoziale Partei) für den Wahlkreis Kassel I (Rinteln-Hofgeismar-Wolfhagen). (Vgl. ALBERT GRZESINSKI, EBERHARD KOLB (Hrsg.), Im Kampf um die deutsche Republik – Erinnerungen eines Sozialdemokraten, Schriftenreihe der Stiftung Reichspräsident-Friedrich-Ebert-Gedenkstätte, München 2001, S. 70.)

[136] Vgl. BLAZEK, Feuerwehrwesen, wie oben, S. 38 f.

Rinteln

In den fünfziger Jahren des 19. Jahrhunderts empfahl der Deutsche Turnrat die Gründung von freiwilligen Turnerfeuerwehren. 1863 folgte man auch in Rinteln dieser Anregung und gründete am 18. November als Kind des damaligen Männerturnvereins die „Freiwillige Turnerfeuerwehr", deren erster Hauptmann der Besitzer der Ziegelei Rinteln, Reischauer, war. Als Spritzenmeister und Rottführer wurden die Turner Bödecker, Fleischmann, Pickard – der Fahnenträger der Turner von 1848 – und Ditmar bestimmt. Eine Woche später wurden auf der ersten Versammlung noch die Kameraden Droste und Galte zu Rottmeistern gewählt.

Der Anfang war nicht leicht, denn es mangelte vorerst an Unterstützung durch die Stadt; nur die Hessische Brandkasse, die damals die Feuerversicherungen im Schaumburger Land trug, fand sich zu Beiträgen bereit. Als Uniform wurde eine Bluse aus blaugestreiftem Leinen gewählt; sie durfte den Schlachterkitteln ähnlich gewesen sein. Langsam kam man voran. 1865 stellte man einen Organisationsplan auf und richtete an die Stadt ein Gesuch, Gelder für die Geräte zur Verfügung zu stellen. Die Wehr bestand aus einem Hauptmann, dem ein Adjutant beigegeben war (Reischauer und Lohmeyer), 12 Steigern, 15 Rettungsmannschaften und 24 Mann für die Bedienung der Spritzen; sie war also 53 Mann stark. Der Organisationsplan sah die Beschaffung von 12 Helmen, 12 Leinen, 52 Gurten, 16 Laternen, 12 Signalpfeifen, einem Sprachrohr, zwei Hupen, zwei Schrillpfeifen, zwei Schlauchhaltern, 52 Blusen, drei Leitern, 12 Nothaken, einem Rettungssack, 40 Käppis, fünf Spitzhacken und fünf Beilen vor.

Das Jahr 1865 scheint überhaupt der Termin für das Funktionieren der jungen Wehr gewesen zu sein; am 26. November wurden die Statuten, die nach dem Muster der Hamelner Wehr aufgestellt waren, dem Rat zur Genehmigung vorgelegt. Aus diesem Jahre wissen wir auch Näheres über die Besetzung der Ämter. Rottführer der Rettungsmannschaft war der Kamerad Grove, sein Vertreter E. Matthäi, Rottmeister der Löschmannschaft W. Bödeker, sein Vertreter Ditmar, Obersteiger Hermann Droste (Vertreter C. Bödecker), Rottführer der Schutzmannschaft C. Bösendahl (Vertreter A. Bauer).

Turnerschaft und Turnerfeuerwehr dienten beide idealistischen Zielen, und doch kam die Zeit, in der die Trennung der aus einer Wurzel erwachsenen Vereine nötig wurde. Zunächst führte die Wehr ihre Kassengeschäfte selbständig, dann wurden Turner- und Feuerwehrkasse gemeinsam verwaltet. Aber die Anforderungen der Wehr an die Kasse waren groß, denn die Geräte kosteten viel Geld, und nach 30 Jahren wurde die finanzielle Belastung so groß, dass Turnerschaft und Feuerwehr sich trennten. Bis dahin aber arbeitete man treulich zusammen.

Der Turngarten stand auch der Wehr zur Verfügung, die hier mit eigenen Mitteln eine Steigerwand errichtete, weil die Stadt das Geld für den Bau eines Steigerhauses nicht bewilligte. Später gestattete der Magistrat die Benutzung des von der Stadt erworbenen früheren Lagerhauses der Firma Heye an der Weser, des späteren Schlachthofes, und erst 1902 wurde der erste hölzerne Steigerturm am Rande des Steinangers errichtet.

Die Rintelner Turnerfeuerwehr trat früh in enge Beziehungen zu den Wehren im benachbarten Westfalen und Lippe. 1874 wurde der Minden-Ravensberg-Lippische Feuerwehrverband gegründet; ihm trat die Rintelner Wehr am 4. August 1874 bei, da sie vom hessischen Verband – die Grafschaft gehörte ja zur Provinz Hessen-Nassau – ein weiter Raum trennte.

Am 19. September 1875 brachte eine Mannschaft aus Rinteln Löschhilfe nach Hameln, wo im Ganzen etwa acht Wohn- sowie elf weitere Gebäude von einem Brand erfasst und größtenteils vernichtet wurden.

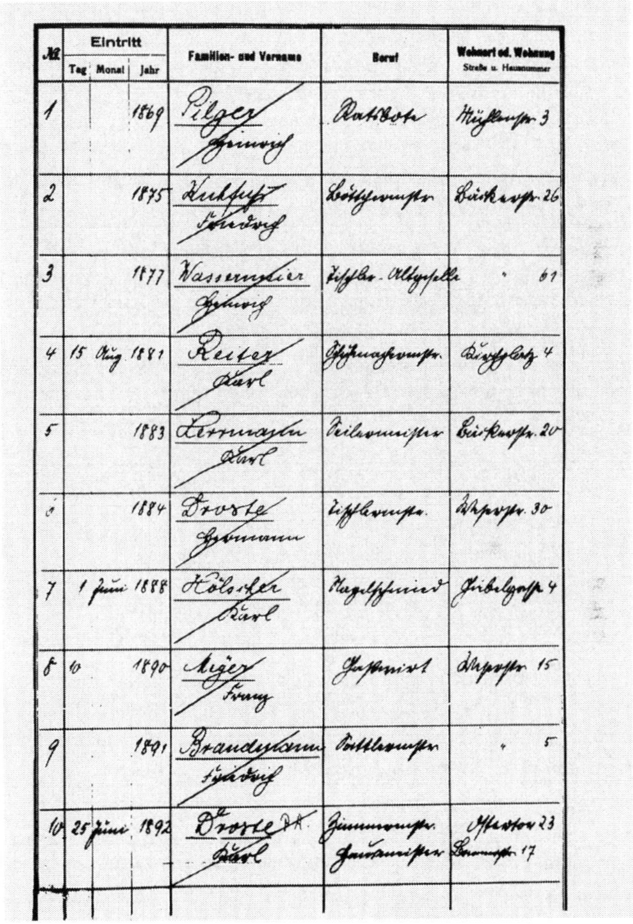

Abb. 20: Aus der Stammliste der Rintelner Feuerwehr.

1877 bildete sich unter der Führung des Kameraden Schramm eine zweite freiwillige Feuerwehr, der „Freiwillige Feuerwehrverein". Das war eine Gefahr für den Fortbestand der Turnerfeuerwehr. Der Stadtrat und Bürgermeister Fischer, die klar erkannten, dass eine Spaltung den Feuerschutz gefährden musste, bemühten sich redlich um eine Wiedervereinigung der getrennten Brüder, doch leider vergeblich. Da griff der Verband, der seinen Sitz in Minden hatte, entscheidend ein. Er hörte den Delegierten der Turnerfeuerwehr, Lehrer Ludolph, zunächst an und versagte dann dem neuen Verein seine Anerkennung; er sprach sein Bedauern über die Zersplitterung aus. Da sich die Stadtverwaltung und der Rat ablehnend verhielten, kam es bereits 1879 zur Auflösung des „Freiwilligen Feuerwehrvereins", die ihm beigetretenen Kameraden kehrten zur Turnerschaft zurück.

Der Magistrat forderte jetzt von der Wehr eine Vergrößerung auf 80 bis 120 Mann. Dann wurde ein neuer Organisationsplan für den Feuerschutz der Stadt aufgestellt, in den auch die Pflichtfeuerwehr, das heißt, alle nicht der Turnerfeuerwehr angehörenden Bürger, einbezogen wurden. Die gesamte Wehr bestand nun aus zwei Aufgeboten, von denen das erste bei Kleinfeuer, das zweite nur bei Großfeuer eingesetzt wurde. Trompetensignale gaben Alarm bei Kleinfeuer; bei Großfeuer läuteten die Feuerglocken. Der Magistrat entschied über die Bestellung des Brandmeisters und seines Stellvertreters.

Dem ersten Aufgebot gehörte die uniformierte Turnerfeuerwehr an. Die beiden Spritzen mit 20 Steigern und 60 Spritzenleuten bildeten die erste Abteilung, ein Zubringer mit 10 Schlauchlegern und 30 Spritzenleuten die zweite. 50 Mann Brandwache stellte, mit schwarzer Mütze und Gewehr ausgerüstet, der Kriegerverein. Der Turnerfeuerwehr standen außerdem zwei bespannte Wasserkübel, zwei Rettungswagen und sechs Hornisten zur Verfügung.

Das zweite Aufgebot bestand aus der Pflichtfeuerwehr, deren Abzeichen eine weiße Binde am linken Arm war. Sie war ausgerüstet mit zwei alten großen Spritzen, die von zwei Spritzenmeistern und 80 Spritzenleuten bedient wurden, zwei alten kleinen Spritzen, denen zwanzig Spritzenleute beigegeben waren, und zwei Wasserkübeln. Sämtliche Spannhalter der Stadt hatten zum Fahren der Wasserkübel anzuschirren. Als Wasserträger fungierten die Schüler des Gymnasiums und die Studierenden des Technikums, das von 1876 bis 1884 in Rinteln bestand.

Diese Aufteilung zeigt, dass man sich bei der Stadt in erster Linie auf die Turnerfeuerwehr verließ; die Schlagkraft des zweiten Aufgebots kann nicht sehr groß gewesen sein. Man beschritt auch in der Zukunft folgerichtig den Weg des weiteren Ausbaues des freiwilligen Feuerschutzes und machte damit die besten Erfahrungen.

1883 feierte man das 20. Stiftungsfest der Turnerfeuerwehr und regte schon damals die Gründung einer Feuerwehrkapelle an; dazu kam es aber erst einige Jahre später in enger Zusammenarbeit mit dem Kriegerverein. Zunächst aber gefährdete eine Krise den Bestand der Turnerfeuerwehr.

Die finanzielle Lage der Wehr war nicht gut, und so richtete das Kommando ein Gesuch um Unterstützung an die Stadt. Der Rat lehnte ab; ein Ratsherr kritisierte angeblich die Wehr und ihre Arbeit abfällig mit dem Bemerken, sie mache der Stadt nur unnütze Kosten und verderbe die Schläuche. Die Reaktion der Wehr war heftig. 21 Mitglieder traten demonstrativ aus, und der Bestand der Wehr schien gefährdet zu sein. Oberbrandmeister C. O. Müller, Bürgermeister Sydow und eine Deputation der Bürgerschaft hoben anerkennend die Bedeutung der Turnerfeuerwehr für die Sicherung der Stadt hervor und bemühten sich um die Schlichtung des Konflikts mit Erfolg; die Wehr war gerettet.

Wenige Jahre später war die Wehr so stark geworden, dass sie sich von der Turnerschaft trennte. Am 16. Mai wurde sie selbstständig und nahm den Namen „Freiwillige Feuerwehr Rinteln" an. 1894 weihte sie ihre eigene Fahne.

Aus jenen nun schon einhundert Jahre zurückliegenden Zeiten ist ein Bericht über den Besuch eines Verbandstages in Minden überliefert, der in der Geschichte der Rintelner Wehr nicht vergessen sein soll:

Die Wehren aus Hameln, Rinteln und Vlotho hatten einen Dampfer gechartert, um gemeinsam auf der Weser nach Minden zu fahren und in großer Stärke am Verbandstag teilzunehmen. Erwartungsvoll versammelten sich die Rintelner Wehrmänner am Morgen jenes Sommersonntags an der Anlegestelle unterhalb der Weserbrücke, doch über dem Tale lag der Nebel so dicht, dass man kaum die Weser sehen konnte. Würde das Hamelner Schiff kommen? Man harrte eine Stunde geduldig aus, dann gab man die Hoffnung auf.

Was tun? Hauptmann Lohmeyer entschloss sich zum Umsteigen auf Pferd und Wagen. Ein Telegramm ging nach Minden ab: „Dampfer kam nicht, wir kommen etwas später mit einem Wagen!" Inzwischen hatte Fuhrmann Knief angespannt, und die Abordnung fuhr in die wallenden Nebelschwaden hinaus und nach Todenmann hinauf. Am Berg brach die Sonne durch, und der Sonntag wurde so schön, wie man ihn sich nur wünschen konnte.

Feuerwehrmänner sind opferbereit im Einsatz, aber auch fröhlich im Kreise der Kameraden. Dann feiern sie gern und verschmähen einen frischen Trunk nicht. So war es auch auf der Fahrt nach Minden. Dem ersten Halt vor der „Schönen Aussicht" in Kleinenbremen folgten weitere Raste, denn man wollte selbstverständlich die wackeren Kniefschen Gäule nicht übermäßig anstrengen. Bei einigen „kühlen Hellen" schwand der Ärger über die verunglückte Dampferfahrt bald dahin, und die Fröhlichkeit stieg. Man war, wie berichtet wird, sehr fröhlich, als die Mindener Türme in Sicht kamen und ein Mindener Kamerad zustieg, um die Rintelner Gäste in ihr Frühstückslokal zu geleiten. Die Delegierten Lohmeyer, Droste und Ludolph hatten es nicht so gut – sie wurden sogleich zur „Tonhalle" geführt und mussten sich die Verhandlungen anhören, während die anderen – na ja, das kann man sich denken! Von der „Dampferfahrt" hat man in der Rintelner Wehr noch lange gesprochen![137]

Sachsenhagen

Der gemischte Chor „Concordia Sachsenhagen" führt seine Ursprünge auf das Jahr 1861 zurück. Die Gründung soll am 15. Mai 1864 erfolgt sein. Der Gesangverein „Concordia" Sachsenhagen – unter Leitung von Lehrer und Kantor Stümke – bestand nach eigener Darstellung 1875 bereits aus 22 aktiven Sängern.

---

[137] Zitiert nach: BLAZEK, Feuerwehrwesen ..., wie oben, S. 6 ff.

Heinrich Munk stellt hingegen fest, dass der Gesangverein dem Rat am 26. Januar 1893 vorgelegt habe. Im Paragraph 1 heißt es demnach: „Aus Männern hiesiger Stadt hat sich obiger Verein (Gesangverein Concordia) gebildet, und hat den Zweck, an einem abend in der Woche, im Vereinslokal des Herrn Reichwage, eine Gesangsstunde abzuhalten."[138] Im Übrigen war es der Quartettverein Sachsenhagen, der am 14. Juni 1914 sein 30-jähriges Bestehen feierte.

Rodenberg

Am Abend des 5. November 1859 brach im großen Brauhause zu Rodenberg ein Brand aus, der sich rasch zu einer gewaltigen Feuersbrunst ausweitete. In einer Nacht brannten ab: das große Brauhaus, das Rathaus, das jüdische Gemeindehaus, das große Amts- und Renthaus, das Amtstor, das Gefängnis, die übrigen Gebäude des Amtshofes, der ganze Domänenhof mit seinen zahlreichen Wohn- und Wirtschaftsgebäuden, Scheunen, Speichern und Stallungen, das Schloss mit sämtlichen Gebäuden und Türmen (bis auf die Umfassungsmauern) und 20 Bürgerhäuser in der Stadt. Etwa 25 auswärtige Feuerspritzen bekämpften das Großfeuer, am anderen Morgen war zwar die größte Gefahr beseitigt, aber noch etwa 10 Spritzen blieben am Platze. Und bei diesem Brand kam auch eine Stadthäger Feuerspritze zum Einsatz. „Wir sind soeben mit unserer Spritze, mit welcher wir gestern abend um etwa 10,30 Uhr von hier abgefahren sind, zurückgekehrt", schrieb der Spritzenmeister Hiller am anderen Morgen dem Magistrat. „Die Fuhrleute Heine und Brunstermann, welche solche gefahren, haben die Spritze bis an die Brandstätte gebracht und sind wir etwa um 11 1/2 Uhr dort schon angekommen und ist unsere Spritze wiederholt, wie vor einigen Wochen, und zwar am 18. September, bei dem Brande in Rodenberg, die erste ausländische Spritze an der Brandstätte gewesen. Wir sind mit unserer Spritze in Tätigkeit gewesen und ist der Brand sehr bedeutend und ein großer Teil der Stadt abgebrannt." Rodenbergs Bürgermeister Heuser konnte nicht anders, dem Magistrat zu Stadthagen wiederholte Male schriftlich seinen Dank für die erteilte Hilfe auszusprechen.

Dieser Brand, bei dem sich unter anderem die Rodenberger Pflichtfeuerwehr verdient gemacht hatte, ist in der Chronik von Adolf Mithoff hinreichend beschrieben worden.[139] Mithoff hatte den Brand im Alter von 17 Jahren selbst als Augenzeuge miterlebt.

Und außerdem hatte die Feuersbrunst eine Vorgeschichte.

Zur Mittagszeit eines heißen Julitages im Jahre 1859 ertönte die Feuerglocke in Rodenberg, und durch die Straßen wurde gerufen: „Der Schäferhof brennt!" Der zur Domäne gehörende Schäferhof war ein großes, einen Hofraum umschließendes Gebäudeviereck aus drei lang gezogenen Schafstallgebäuden und einem Wohnhaus für den Schafmeister und die Schäferknechte.

---

[138] Faltblatt 130 Jahre „Concordia" Sachsenhagen 1861–1991, MUNK, Sachsenhagen, wie oben, S. 220.
[139] ADOLF MITHOFF, Chronik der Stadt Rodenberg von den ältesten Zeiten bis auf die Gegenwart, Rodenberg 1912, S. 156 ff. (1966), in der Originalausgabe S. 523 ff. Gleich lautend bei: MATTHIAS BLAZEK, 100 Jahre Ortsfeuerwehr Rodenberg 1904–2004, Rodenberg 2004, S. 18 f.

Die Pflichtfeuerwehr und alle Rodenberger eilten zur Brandstelle. Die alten zusammenhängenden Fachwerkgebäude, gefüllt mit Futtermitteln, Heu und Stroh, standen fast gleichzeitig in Flammen. Glücklicherweise waren die 1800 Schafe während des Sommers auf den Weidetriften und wurden so gerettet.

Dies alles kam für die Rodenberger nicht unvorbereitet. Im Frühsommer übernachtete im Gasthof Stockholm eine gut gekleidete Handelsfrau, die mit dem Gastwirt Heinrich Brunotte und einigen in der Gaststube anwesenden Rodenberger Gästen ins Gespräch kam.

Sie erzählte von ihren hellseherischen Fähigkeiten und berichtete, dass sie in der vergangenen Nacht in einen solchen Zustand verfallen sei. Dabei habe sie drei nacheinander folgende gewaltige Feuersbrünste inmitten der Stadt gesehen.

Die Seherin gab den Anwesenden, die Zweifel an der Vorhersage äußerten, die Versicherung, dass die Prophezeiung noch in diesem Jahr eintreffen werde. Sie wurde in der Stadt bekannt, aber im Allgemeinen nicht so ernst genommen, bis zu dem vorgenannten Julitag, an dem der Schäferhof abbrannte. Im Verlauf von circa acht Tagen entstand abermals ein Schadenfeuer, welches das Dach und den Bodenraum des Bolent'schen Hauses zerstörte.

Nun waren die Bürger beunruhigt. Nachtwachen wurden verstärkt, und sechs Männer bezogen die Bürgerwachtstube im Rathaus, um sich bei den Rundgängen durch die Stadt abwechseln zu können.

Als nichts passierte, hob der Magistrat im Oktober die Einrichtung wieder auf. Am 5. November durchbrauste abends ein Sturm die Straßen. Plötzlich rief das Sturmgeläut der Feuerglocke die Bewohner auf die Straße. Der große Brand war ausgebrochen. Aus dem Brauhaus loderten die Flammen. Vergeblich bemühte sich die Wehr, das Feuer einzudämmen. Sämtliche Gebäude des Brauhauses standen in Flammen, die über den nördlichen Stadtgraben schlugen, und das große Amtshaus und die Zehntscheune brannten lichterloh. Das Feuer griff auf die Wohn- und Wirtschaftsgebäude der Domäne über und erreichte bald das Schlossgebäude. Ein Haus nach dem anderen wurde ergriffen. Das Sturmgeläut der Ratsglocke war verstummt, denn auch aus dem Rathaus schlugen die Flammen. Feuerwehren aus anderen Orten eilten zu Hilfe. Die Glocken vom Kirchturm läuteten Sturm. Am Morgen des 6. November war die größte Gefahr beseitigt. Der Sturm ließ nach. Die Bilanz sah erschreckend aus. Die halbe Stadt war vernichtet worden. Nun begannen die Aufräumarbeiten, und anschließend erlebte Rodenberg eine rege Neubautätigkeit.

In dem Buch „Rodenberg – Bilder einer kleinen Stadt" (1983) ist ein Foto der alten Domäne vor dem großen Stadtbrand 1859 abgebildet. Im Hintergrund sind Teile des damals noch unversehrten Schlosses zu sehen. Die Domänen-Gebäude standen auf dem jetzigen Amtsplatz.

Sachsenhagen

13 Männer riefen am 1. Juni 1873 den Kriegerverein Sachsenhagen, die spätere (2009 eingegangene) Kyffhäuser-Kameradschaft ins Leben. Aus dem Erleben der Kriege 1864, 1866 und 1870/71 hatten sie sich zusammengefunden, um die Kameradschaft weiter zu pflegen und in Not geratenen Kameraden zu helfen. Die Gründer waren folgende Kriegsveteranen:

Wilhelm Möller, Schlachter und Landwirt, Mittelstraße
Friedrich Gerlach, Händler, Dühlfeld
Wilhelm Büsselberg, Maurer, Sinkenbrink
Gottlieb Blume, Arbeiter, Kirchgang
Christoph Freise, Händler, Petersilienstraße
Wilhelm Göing, Tischler, Kuhle
Heinrich Höper, Lohgerber, Obere Straße
Ludwig Hartmann, Gastwirt, Petersilienstraße
Luis Lampe, Holzhändler, Obere Straße
Christoph Aue, Schuhmacher, Kuhle
Wilhelm Korthöber, Kaufmann, Obere Straße
Heinrich Büsselberg, Maurer und Schlachter, Sinkenbrink
Heinrich Reising, Landwirt, Mittelstraße

Reges Vereinsleben setzte ein, und immer mehr Soldaten ließen sich aufnehmen, sodass der Kriegerverein 1890 die stattliche Zahl von 68 Mitgliedern aufwies, nachdem er 1886 seine Fahne bekommen hatte

Lohnend ist es, in dem alten Protokollbuch zu lesen, das nicht nur die Namen der bei den monatlichen Sitzungen Anwesenden und Nichtanwesenden nachweist – bei unentschuldigten Fehlen wurde 20 Pfennig Strafe erhoben – sondern auch die Pflege einer vorbildlichen Kameradschaft erkennen lässt und Rückblicke auf die „gute, alte Zeit" gewährt.

So erhielten durch Krankheit arbeitsunfähig gewordene Kameraden eine Unterstützung von 3 Mark je Woche, bei Sterbefällen wurde für die Hinterbliebenen eine Unterstützung von Fall zu Fall beschlossen.

1890 wurde der Sanitätsrat Dr. Adolf Grevemeyer zum Vorsitzenden des Kriegervereins gewählt. Das Amt führte er bis 1893; an seine Stelle trat 1894 Heinrich Höper, Obere Straße.

Sachsenhagen

Am 1. Januar 1873 brannte das Haus des Juden Josef Philippsohn an der Petersilienstraße 3 ab. „Durch den Einsatz der Feuerwehr wurde eine Ausdehnung des Brandes verhindert."[140] Das Haus wurde bald wieder aufgebaut.

Bei der Feuerwehr handelte es sich offensichtlich bereits um die bezahlte städtische Feuerwehr, die aus einer Handvoll Steigern und etwa doppelt so vielen Spritzenmännern bestand.[141]

---

[140] MUNK, Sachsenhagen, wie oben, S. 108.

Am 4. März 1874 brach im Hause des Landwirts Bellersen auf der Obersten Straße (Haus Nr. 10) ein Feuer aus. Der im Hause als Mieter wohnende Tischler Johannes Stackmann hatte auf dem Herd Leim gekocht, umherfliegende glühende Hobelspäne hatten das Haus in Brand gesetzt.

1881 brannten auf der Kuhle die Häuser des Göing und Franke ab. Im selben Jahre brannte Harste, Gödenstraße, ebenfalls ab. Das Haus des Deterding Nr. 64 brannte am 16. Februar 1882 ab, der in der Holztrift die gleiche Nummer neu baute. 1883 schlug der Blitz den Dachreiter des Schlosses mit Uhr und Glocke herunter. In den darauffolgenden Jahren brannte 1892 das Haus des Fritz Cordes in der Holztrift ab, der an gleicher Stelle wieder aufbaute.

Als im Juli 1889 die Feuerlösch-Statuten – also gewissermaßen eine neue Feuerlöschordnung der Stadt Sachsenhagen – beschlossen wurden, zählte die Stadt Sachsenhagen 830 Einwohner. Sie gehörte zum Kreis Rinteln, der seit 1867 Teil der Provinz Hessen-Nassau im preußischen Regierungsbezirk Kassel gewesen war.

Obgleich der 7. Juli 1889 als Gründungstag der Freiwilligen Feuerwehr Sachsenhagen angenommen wird, kann man, wie noch zu sehen ist, davon ausgehen, dass sie schon länger bestanden hatte. Sie setzte sich aus jungen Bürgern zusammen und war nicht aus einem Turnverein hervorgegangen.

Die Statuten der Freiwilligen Feuerwehr Sachsenhagen vom 7. Juli 1889 sind in der Festschrift anlässlich der 100-Jahr-Feier der Ortswehr abgedruckt und gleichen den früheren Statuten der Freiwilligen Feuerwehr Stadthagen.

Sachsenhagen d. 7. July 1889.
Statuten
der Freiwilligen Feuerwehr zu Sachsenhagen. (Auszug)
§ 1.
Die Sachsenhäger Freiwillige Feuerwehr ist eine separate Abtheilung des städtschen Feuerlöschwesens und steht gleich diesem unter dem Magistrate, indeß unter spezieller Leitung eines selbstgewählten Commandeurs oder dessen Stellvertreter, dieselbe hat sich den Befehlen unbedingt zu fügen, und beim eintreffen des Oberbrandmeister dessen Befehlen folge zu leisten.

§ 2.
Zweck des Vereins ist, rasche und energische Hülfe auf der Brandstätte zu sichern und zu leisten.

§ 3.
Zur Erreichung dieses Zweckes übergiebt der Magistrat dem Vereine die nöthigen Utensilien zur ausschließlichen Bedienung. Der Verein übernimmt mit diesen den direkten Angriff des Feuers.

---

[141] Zu diesem Schluss kommt der Verfasser im Vergleich mit der „Bilanz über die Feuerwehren in Schwerin im Jahre 1876", neu abgedruckt 1991 in der Schweriner Feuerwehrjubiläumsbroschüre zum 125-jährigen Bestehen.

§ 4.
Zu dem Zwecke werden bestimmte Uebungen zu von der General=Versammlung festgesetzten Zeiten abgehalten, welchen jedes Mitglied bei Strafe beizuwohnen verpflichtet ist.

§ 5.
Außer körperlicher Rüstigkeit verlangt der Verein aber auch eine moralische Gewähr. Nur Männer von tadellosem Rufe und in der Regel erst nach vollendetem 19. Jahre sollen aufgenommen werden. Diejenigen welche Aufnahme wünschen, haben ihr schriftliches Gesuch dem Commandeur persönlich zu übergeben und sich an den Vereins=Abenden den Mitgliedern vorzustellen. Jeder Feuerwehrmann ist schuldig, der vorgeschriebenen Ordnung sowie dienstlichen Befehlen pünktlich nachzukommen, den Vorgesetzten Achtung und Gehorsam zu erweisen und sich im Dienst überhaupt so zu verhalten, wie es das Interesse desselben erheischt. Namentlich ist derselbe zur Hülfeleistung und Thätigkeit überall verpflichtet, wo es gefordert wird.

§ 8.
Zur Entlassung aus dem Verein bedarf es einer schriftlichen Eingabe beim Vorstande und der Rücklieferung der etwa gelieferten Untensilien in einem guten Zustande. Sollte ein Mitglied dem Interesse des Vereins in irgend einer Art und Weise entgegen handeln, so kann auf Antrag von 1/4 der Mitglieder der Commandeur aufgefordert werden, eine General=versammlung anzuberaumen, um über die Ausstoßung dieses betreffenden Mitgliedes zu beschließen. Für den Beschluß müssen mindestens die Hälfte der Mitglieder zugegen sein, und von dieser Zahl müssen mindestens die Hälfte wiederum für Ausstoßung stimmen.

§ 10.
Die Rottenführer werden vom Vorstande auf 1 Jahr gewählt.

§ 11.
In der jährlich einmal am 1 July abzuhaltenden General=Versammlung wird der Rechenschaftsbericht vorgetragen und die Wahl der neu zu wählenden Vorstands=Mitglieder vorgenommen.

§ 13.

Wer ohne genügende Entschuldigung zu einer angesetzten Uebung oder General=Versammlung zu spät kommt, bezahlt	*0,10*	*Pfennig*
wer nicht erscheint	*0,20*	*"*
und wer seinen Posten ohne Erlaubniß zu früh verläßt	*0,50*	*".*
Wer bei einem innerhalb der Stadt Sachsenhagen ausge= brochenen Feuer nicht erscheint, zahlt	*1,^{00}*	*Mark*
wer sich ohne Erlaubniß zu früh von seinem Posten entfernt	*2,^{00}*	*".* [142]

---

[142] In diesem Paragraphen wird sich außer dem zweimaligen Ansetzen von Strafgeldern für das Verlassen des Postens noch ein weiterer Fehler eingeschlichen haben: Die ersten Strafgelder werden Markbeträge gewesen sein. Die Strafen waren sehr hoch, wenn man bedenkt, dass zur damaligen Zeit der Tageslohn 1,50 bis 2,00 Reichsmark betrug.

§ 15.
Die Strafgelder werden vom Vorstande eingezogen. Der Monatsbeitrag beträgt für jede Person 10 Pfennig.

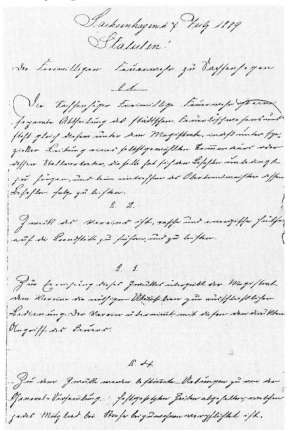

Abb. 21: „Die Sachsenhäger Freiwillige Feuerwehr ist eine separate Abtheilung des städtschen Feuerlöschwesens."

§ 17.
Der Verein kann sich selbst durch Beschluß einer General=Versammlung auf Vorschlag des Vorstandes auflösen, jedoch müssen dann 3/4 der Mitglieder, wovon sich mindestens 3/4 für Auflösung aussprechen, anwesend sein.

§ 18.
Wer mit unproperen Helm, Joppe, Beil, Carab.Hacken und Gürtel erscheint, wird mit einer Strafe von 10 Pfennig bestraft, im Wiederholungsfalle je 20 Pfennig. Ferner ist jedem verboten die gelieferten Ausrüstungsstücke, sowie Hornisten ihre Instrumente einem Anderen zu übergeben. Zuwiederhandlungen werden mit einer Strafe von 10 Pfennig bestraft.

Der anfängliche Enthusiasmus scheint in Sachsenhagen aber bald gebrochen worden zu sein. Das Interesse an einer Mitgliedschaft unter den Einwohnern Sachsenhagens und den Feuerwehrleuten ging verloren. Noch im 19. Jahrhundert wird es zur Bildung der Pflichtfeuerwehr Sachsenhagen gekommen sein. Letzter Hauptmann der Freiwilligen Feuerwehr war Gastwirt Ernst August Reinecke gewesen.

Den Ordnungsregistern der Jahre 1887–1892 sind in Bezug auf Feuerwehrwesen in Sachsenhagen aufschlussreiche Eintragungen zu entnehmen:[143]

Am 25. Mai 1887 ordnete die Königlich Preußische Regierung die Revision der Feuergerätschaften an. Darauf wurde dem Oberbrandmeister Bark aus Rodenberg mitgeteilt, dass sie am 27. Mai stattfinden würde.

Am 25. Mai 1888 lieferte die Firma Magirus in Ulm ein Verzeichnis über Feuerwehrutensilien. Sie wurde „dem Comandeur der Feuerwehr zugesandt 27/1".

Am 12. September 1890 wurde berichtet, dass die Mängel der Feuerwehranlagen in Sachsenhagen abgestellt seien.

Abb. 22: Ehrung des Bäckermeisters W. Brösche zu Sachsenhagen, 23. März 1910.

Am 16. Juni 1892 erklärte der Oberbrandmeister in Rodenberg, er wollte am 20. Juni die Spritzen ausprobieren.

Am 23. Juni 1892 lieferte Heinrich Kurtz aus Stuttgart eine Preisliste über Feuerspritzen und Glockengießerei.

---

[143] Staatsarchiv Bückeburg Dep. 28 Nr. 21 f.

Am 19. September 1892 wurde auf eine Anfrage des Oberbrandmeisters Bark „berichtet daß die Spritze und [unten] an den Verschraubungen reparirt ist die Schläuche ausrangirt sind."

Auf ein Angebot von A. W. Kaniß in Wurzen i/L wurden am 18. September 1892 „einige Schläuche bestellt."

Wilhelm Albert Stünkel, Bürgermeister von 1879 bis 1903, machte am 4. Oktober 1895 Folgendes bekannt: „Die Mannschaften der Alten + Neuen Spritze sowie die Steigermannschaft haben sich bei Feuer-Alarm oder Übungen unbedingt bei dem Spritzenhause einzufinden."

Eine Bekanntmachung vom 26. Mai 1896 lautete: „Sämmtliche Hausbesitzer haben Morgen früh 9 Uhr bei dem Spritzenhause die Feuereimer vorzeigen zu lassen. An denselben muß die Hausnummer und Sachsenhagen mit Farbe stehen, Zuwiederhandlung wird mit 3 Mk bestraft."

Abb. 23: Der in den Statuten von 1912 zeichnende Feuerwehr-Vorstand.

Volksen

Volksen ist heute ein Ortsteil von Rinteln und präsentiert gemeinsam mit Krankenhagen einen eigenen Ortsrat. Als Ort im Landgericht Rinteln stellte Georg Landau Volksen 1842 vor:[144]

1. Das Landgericht Rinteln

umfaßt den südwestlichsten Theil des Kreises. Es besteht aus Rinteln mit mehreren dazu gehörigen Höfen, sowie den Dörfern Möllenbeck und Hessendorf; ferner aus der exter Vogtei (Exten, Strücken, Saarbeck, Hohenrode, Wennekamp, Wöseberg, Volksen, Uchtdorf, Krankenhagen und Nottberg, nebst den später darin angelegten Kolonien Friedrichshöhe und Friedrichswald); aus dem aus der ehemaligen Vogtei Lachem herüber gezogenen Dörfern Rumbeck und Goldbeck, und aus der westlichen Hälfte der Weservogtei (Dankersen, Todenmann, dem Hess. Theile von Schermbeck, Engern, Ahe, Kohlenstädt, Großen- und Kleinwieden, Rosenthal, Ostendorf, Deckbergen und Westendorf), zusammen aus 1 Stadt, 25 Dörfern und 17 Höfen.

Bürgermeister Tünnermann in Volksen berichtete der Kurfürstlichen Regierungskommission der Grafschaft Schaumburg zu Rinteln unter dem 5. Juli 1861, dass die bei der Revision vorgefundenen Feuerlöschgeräte „in Ordnung befun-

---

[144] LANDAU, wie oben, S. 348.

den worden sind". Er brachte den Colon August Ludwig Schröder, Volksen N° 10, als Führer der Feuerlöschmannschaft in Vorschlag. Schröder sollte Nachfolger des als Führer der Löschmannschaft „abgegangenen" Colons Winter, Volksen N° 8, werden. Ein Vermerk des Beamten Bechtel vom Kurfürstlichen Justizamt zu Rinteln vom 24. Juli 1861 bestätigt die Vereidigung des Colons Schröder als Führer der Feuerlöschmannschaft:

Rinteln am 24. Juli 1861.

Ggw. Justizbeamter Bechtel.

Erschien auf eingegangene Requisition kurfürstlicher Regierungs-Commission dahier und darauf erlassene Ladung der Colon August Ludwig Schröder N° 10 zu Volksen und wurde auf die Wahrhaftigkeit seiner Anzeigen und Aussagen als Führer der Feuerlöschmannschaft eidlich verpflichtet.

vorg. genehm.
Begl.
Boclo

1) p. p.
2) Abschrift k. H. an kurfürstliche Regierungs-Commission dahier

Rinteln w. o.
Kurfürstliches Justizamt
Bechtel

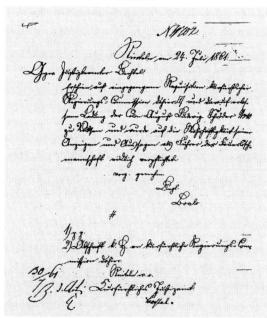

Abb. 24: Gegenwärtig: Justizbeamter Bechtel.

Umbrüche in der Neuzeit in Schaumburg
1900
Grafschaft Schaumburg

Am 16. Februar 1915 wurde der Mittellandkanal seiner Bestimmung übergeben. Neben dem Mittellandkanal mit seinen 326 Kilometern Länge gibt es in Niedersachsen den Ems-Jade-Kanal (1880–1887), den Dortmund-Ems-Kanal und den Elbeseitenkanal (1976). Die Kanäle waren zur notwendigen Ergänzung des Güterverkehrs auf der Schiene neu- beziehungsweise ausgebaut worden. So entstanden der Nord-Ostsee-Kanal (1887 bis 1895), der Dortmund-Ems-Kanal (1892 bis 1899) und schließlich der Mittellandkanal.

Abb. 25: Mittellandkanal-Überführung über die Weser bei Minden.

„Nach einer Mitteilung der ‚Deutschen Verkehrszeitung' vom 3. Juli 1891 hat um die genannte Zeit das preußische Ministerium Vorarbeiten zur Herstellung eines Kanals angeordnet, der – als Mittellandkanal – die für die deutsche Flußschiffahrt wichtigsten Flüsse Rhein-Weser-Elbe verbinden (soll)", verlautete 1892 im Jahrbuch der angewandten Naturwissenschaften (S. 433). 1856 hatte es bereits den ersten Plan für einen durchgehenden Schiffahrtsweg vom Rhein bis zur Elbe gegeben. Eine Gruppe Dortmunder Unternehmer veröffentlichte am 24. April 1856 eine Denkschrift über den Plan, den Rhein über die Ems und Weser durch eine künstliche Wasserstraße mit der Elbe zu verbinden. Von 1882 an diskutierte der preußische Landtag über den „Rhein-Elbe-Kanal". Aber besonders die Landwirtschaft und die mit ihr verbundenen Konservativen sowie ihre Lobbyisten vermuteten „ein Einfallstor für fremdes Getreide" und behinderten und blockierten, wo sie nur konnten. „Gebaut wird er doch!", soll Kaiser Wilhelm II.

seinen wieder einmal zerstrittenen Parlamentariern 1899 entgegengeschleudert haben.[145]

Im Jahre 1905 wurde der Bau des vom Dortmund-Ems-Kanal abzweigenden Mittellandkanals vom Preußischen Landtag genehmigt. Im Mittelpunkt des „Gesetzes, betreffend die Herstellung und den Ausbau von Wasserstraßen vom 1. April 1905", standen die Planung und der Bau des Mittellandkanals. „Wir Wilhelm, von Gottes Gnaden König von Preußen usw. verordne[te]n, unter Zustimmung beider Häuser des Landtags der Monarchie ..." den Bau des Mittellandkanals bis Hannover.[146]

Mit den Vorarbeiten wurde 1906 von Westen aus begonnen, ausgehend vom Dortmund-Ems-Kanal bei Bergeshövede. Die Stadt Sachsenhagen erhielt am 24. November 1907 die Nachricht, dass „in dieser Woche mit den Absteckungsarbeiten in der Feldmark begonnen werde".[147] Mit den eigentlichen Bauarbeiten begann man dort 1909. Fotos aus der folgenden Zeit belegen eindrucksvoll, mit welchem Aufwand die Ausbauarbeiten erfolgten. Ein Foto zeigt einen Dampfbagger, der beim Bau des Kanalbettes 1911 an der Brücke bei Sachsenhagen eingesetzt wurde und der morgen um 3 Uhr angeheizt werden musste, damit er zum Dienstbeginn fertig war.

Die Ausbauarbeiten wandelten nicht nur das vertraute Bild der Schaumburger Landschaft. Sie beeinflussten weitgehend auch das Arbeits- und das Wirtschaftsleben der berührten Orte und der näheren Umgebung des Baugebietes. Nur einen Bruchteil der benötigten Arbeitskräfte konnte die engere Heimat stellen. Die anderen kamen aus anderen Gegenden Deutschlands, vor allem Süddeutschland war sehr stark vertreten. Aber auch Ausländer hatten bei diesem großen Werk lohnenden Verdienst gefunden.[148]

Die „heiße Bauphase" mit den Flutungen des Kanalbetts begann 1911.

Der westliche Abschnitt des Mittellandkanals, der heutige Rhein-Herne-Kanal, wurde 1914 fertig gestellt. Am 9. Juli 1914 fand dort die erste Fahrt statt. Im gleichen Jahr wurde die zum Ausgleich für das aus der Weser entnommene Speisungswasser geschaffene Edertalsperre mit 202 Millionen Kubikmetern Fassungsvermögen fertig gestellt.

Am 16. Februar 1915 konnte der Mittellandkanal auf der 102 Kilometer langen Strecke von Bergeshövede bis Minden übergeben werden. Im Herbst 1916, mitten im Ersten Weltkrieg, befuhr der erste Schleppzug den Kanal bis Hannover.[149]

---

[145] jpw, „Rhein-Elbe-Kanal war zeitweise etwas „lendenlahm", Schaumburger Nachrichten vom 16. November 2002. MUNK, Sachsenhagen, wie oben, S. 163.
[146] Gesetz-Sammlung, S. 179.
[147] MUNK, Sachsenhagen, S. 163.
[148] NN, „Mittellandkanal vierzig Jahre in Betrieb", General-Anzeiger vom 16. Februar 1955.
[149] Vgl. WOLFGANG LEONHARDT, „Hannoversche Geschichten" – Berichte aus verschiedenen Stadtteilen, 1. Aufl., Hannover 2009/2010, S. 31.

Zwischen den beiden Weltkriegen wurden die Bauarbeiten ab 1918 in Richtung Osten weitergeführt und im Jahre 1938 die Elbe bei Magdeburg erreicht. In den Jahren 1938 bis 1941 wurde dann noch das Industriegebiet Salzgitter mit einem 15 Kilometer langen Stichkanal mit zwei Doppelschleusen (Wedtlenstedt und Üflingen) an den Mittellandlkanal angeschlossen.[150]

In einem zeitgenössischen Bericht im „General-Anzeiger" verlautete 1955:[151]

Im tiefsten Frieden wurde das große Werk begonnen. Als es seiner Bestimmung übergeben wurde, brauste schon Monate die Furie des ersten Weltkrieges über Europa. Sein Geschehen bestimmte Jahre hindurch das Wirtschaftsleben unseres Volkes und die Jahre des folgenden zweiten Weltkrieges taten es noch einschneidender. Möge das beginnende neue Jahrzehnt, das sich für diese Wasserstraße zur ersten 50 runden soll, um so mehr ein Jahrzehnt tiefsten Friedens zum Wohle für alle sein!

Grafschaft Schaumburg

Die Bundesautobahn A 2 – ab Oberhausen A 3 – entstand in den 1930er Jahren als Verbindung von Berlin mit dem Ruhrgebiet und dem Rheinland. Geplant wurde die Autobahn zwischen September 1933 und Dezember 1934 durch die Autobahnsektionen in Düsseldorf, Hannover und Merseburg. Als Verbindung der Region Rhein-Ruhr wurde die Autobahn bewusst im nördlichen Bereich des Ruhrgebietes geplant, da der Bergbau nach Norden wanderte und man gleichzeitig die Bergsenkungsgebiete meiden wollte. Im Raum Ostwestfalen folgte man den Siedlungsschwerpunkten. Im Bereich Hannovers lag es nahe, die Autobahn über eine kurze Route südlich der Stadt vorbeizuführen. Da Hannover zu diesem Zeitpunkt einer der Knotenpunkte des deutschen Luftverkehrs war und der Flughafen im Norden der Stadt lag, entschied man sich für eine nördliche Umgehung der Stadt. Hinzu kam, dass im Norden der Güterbahnhof lag, ein Industriegebiet geplant und die Bodenverhältnisse besser waren. Zwischen Berlin und Hannover gab es drei mögliche Varianten, die untersucht wurden. Die nördliche sollte über Stendal führen und im Norden an den Berliner Ring anschließen. Sie stellte die kürzeste Strecke für die in Betracht gezogene Verlängerung in Richtung Stettin und Königsberg (Preußen) dar. Nachteilig war allerdings, dass das durchquerte Gebiet dünn besiedelt war und bereits die Eisenbahn der Hauptverkehrsträger war. Die mittlere Variante tangierte Genthin und Brandenburg an der Havel und zielte auf die Mitte Berlins. Auch hier war das Gebiet dünn besiedelt und bereits durch die Eisenbahn erschlossen. Eine weitere Schwierigkeit war, dass es hier zahlreiche Seen und Moore gab, welche einen Bau erschwert hätten. Die südliche Variante, welche schließlich gebaut wurde, führte durch das am dichtesten besiedelte Gebiet und eröffnete die Möglichkeit einer Verlängerung nach Breslau oder Frankfurt (Oder) und Warschau. Vorgesehen war, auf der gesamten Strecke zwei 3,75 Meter breite Fahrstreifen je Fahrtrichtung mit einem 4,2 Meter breiten Mittelstreifen zu bauen. Mit den Betonleitstreifen und

---

[150] Vgl. DIERK SCHRÖDER, THILO WACHHOLZ, Stadtlandschaft und Brücken in Hannover – Der Mittellandkanal als moderner Schifffahrtsweg, Hannover 2000, S. 24.
[151] NN, „Mittellandkanal vierzig Jahre in Betrieb", General-Anzeiger vom 16. Februar 1955.

den Banketten hatte die Konstruktion eine Breite von 24 Metern. Ausgelegt wurde sie, ausgenommen der Abschnitt im Teutoburger Wald, für Geschwindigkeiten von mindestens 160 Kilometern pro Stunde. Der Bau wurde parallel an insgesamt 12 Stellen durchgeführt. Als erstes wurde am 5. April 1936 der 32 Kilometer lange Abschnitt zwischen Braunschweig-West und Lehrte für den Verkehr freigegeben. Drei weitere Abschnitte zwischen Hannover-Ost bis Lehrte (10 Kilometer), Braunschweig-Ost bis Helmstedt (43 Kilometer) und Werder bis Burg (85 Kilometer) folgten am 17. August 1936. Am 10. Januar 1937 war mit der Verkehrsfreigabe des 55 Kilometer langen Abschnittes zwischen Burg und Helmstedt der Berliner Ring mit Hannover verbunden. 1937 konnte auch im westlichen Bereich am 17. Dezember der erste Abschnitt zwischen Düsseldorf und Recklinghausen eröffnet werden. Das Kamener Kreuz nordöstlich von Dortmund, an dem die A 1 die A 2 kreuzt, wurde am 12. November 1938 zusammen mit dem Abschnitt zwischen Recklinghausen und Gütersloh dem Verkehr übergeben. Es war nach dem Schkeuditzer Kreuz (A 9-A 14) ein zweites Autobahnkreuz in Kleeblatt-Ausführung in Deutschland. Die ebenfalls für diesen Tag vorgesehene Verkehrsübergabe des Abschnittes zwischen Gütersloh und Bielefeld konnte aufgrund eines Erdrutsches im Teutoburger Wald nicht durchgeführt werden. Erst nachdem am 15. Dezember die Schäden beseitigt waren, konnte man diese Strecke befahren. Am selben Tag wurde der Abschnitt bis Bad Salzuflen und Herford eingeweiht. Tags zuvor hatte man bereits den Abschnitt zwischen Bad Nenndorf und Hannover eröffnet. Somit fehlte nur noch der Abschnitt zwischen Bad Salzuflen und Bad Nenndorf. Dieser wurde am 23. September 1939 eingeschränkt freigegeben. Aufgrund des begonnenen Zweiten Weltkrieges konnte man diesen Abschnitt nur einstreifig fertigstellen. Somit war dieser vorläufig nur für den so genannten Dienstverkehr vorgesehen. Unter dem Einsatz polnischer Zwangsarbeiter und Kriegsgefangener wurde dieser Abschnitt bis zum 14. November 1940 bis auf einen rund drei Kilometer langen Teil im Bereich der Weserquerung bei Bad Oeynhausen, welcher erst nach dem Krieg realisiert wurde, gebaut und eröffnet. Insgesamt wurden im Zuge der Autobahn 230 Brücken realisiert.[152]

Auhagen

Ursprünglich war man davon ausgegangen, die Freiwillige Feuerwehr Auhagen wäre 1933, als in der damaligen Landgemeinde das Spritzenhaus an der Aue gebaut wurde, gegründet worden. Mündlichen Überlieferungen des zweiten Wehrführers zufolge hatte man die Wehr aber bereits im September 1932 gegründet. Das Vorhandensein alter Urkunden ist allerdings nicht bekannt. Erster Feuerwehrhauptmann war Fritz Ehlers, der in der Pflichtfeuerwehr bereits das Amt des Spritzenkommandeurs ausgeübt hatte.[153]

---

[152] Entnommen aus: Wikipedia – die freie Enzyklopädie. Vgl. *gh*, „Vor 40 Jahren ging man auf der Autobahn spazieren – Selbst vor 30 Jahren war noch wenig los auf der Strecke A 2", „Feierabend in Schaumburg", General-Anzeiger vom 23. Juli 1994.
[153] Ausführlich: BLAZEK, Ortsfeuerwehr Auhagen, wie oben, S. 38 ff.

Beckedorf

Von 1911 bis 1960 wurde in einem Stollen zwischen Lindhorst und Beckedorf Kohle abgebaut. Die Stilllegung des Bergbaus und der Wegfall vieler Arbeitsplätze in der Landwirtschaft konnten durch die Ansiedlung zweier Industrieunternehmen nur mäßig kompensiert werden.

Düdinghausen

Gleich im Gründungsjahr der Freiwilligen Feuerwehr Düdinghausen (1937) wurden dem Feuerlöschverband Sachsenhagen, Auhagen, Düdinghausen im November 1937 von Strobelt in Eibenstock 89 Ärmelabzeichen zum Preis von 32,04 Reichsmark geliefert. 89 Mann betrug die Kopfstärke des Löschverbands. Vergleicht man diese Zahl mit jüngeren Aufstellungen, in denen die drei Wehren gesondert aufgeführt wurden, kann man davon ausgehen, dass der Wehr Düdinghausen zunächst 17 Mann angehörten. Die genannte Firma Strobelt lieferte 1938 insgesamt 20 weitere Ärmelabzeichen.[154]

Am 7. August 1938 fand in Düdinghausen eine Führerbesprechung für den Kreisfeuerwehrtag in Rinteln statt. Zuständiger Kreisfeuerwehrführer war damals Georg Schwedt in Hessisch Oldendorf. Löschmeister August Brandes, mit der kommissarischen Führung der Wehr in Düdinghausen beauftragt, besuchte vom 5. bis 10. Dezember 1938 einen Lehrgang an der Hannoverschen Provinzialfeuerwehrschule in Celle. Nach einer Aufstellung des Kreisfeuerwehrführers vom 15. April 1940 hatte die Freiwillige Feuerwehr Düdinghausen eine Kopfstärke von 15 Mann.[155]

Der Vorstand (Führerrat) des Kreisfeuerwehrverbands Grafschaft Schaumburg setzte sich 1939 so zusammen:

Georg Schwedt, Kreisfeuerwehrführer in Hess. Oldendorf
Krückeberg, Brandmeister und Fachwart in Höfingen
Otto Jordan, Brandmeister und Pressewart in Rinteln
Rehmert, Brandmeister und Adjutant in Rinteln

Kleinenwieden

Am 8. März 1921 verlautete im „Rintelner Anzeiger":

Kleinenwieden – Das Durchgehen eines Pferdes mit dem Kutschwagen hat hier in der vergangener Woche recht störend in eine Haustrauungsfeier eingegriffen und ein Menschenleben in Gefahr gebracht. Bei der Trauung sollte der zuständige Geistliche aus Gr. Wieden fungieren. Dieser begab sich zu Fuß auf den

---

[154] Über den Feuerlöschverband vgl. ausführlich: mb (MATTHIAS BLAZEK), „Auhagen - Düdinghausen - Sachsenhagen: Feuerlöschverband von 1935 bis 1949", Steinhuder Meerblick vom 23. Februar 1994.
[155] MATTHIAS BLAZEK, Chronik Ortsfeuerwehren der Samtgemeinde Sachsenhagen: Auhagen, Bergkirchen, Düdinghausen, Hagenburg-Altenhagen, Nienbrügge, Sachsenhagen, Wölpinghausen, Wiedenbrügge-Schmalenbruch, Bergkirchen 1994, S. 68. Zur Geschichte der Feuerwehrschule in Celle siehe MATTHIAS BLAZEK, 75 Jahre Niedersächsische Landesfeuerwehrschule Celle 1931–2006, Celle 2007.

Weg, traf unterwegs die Droschke, stieg ein und – ohne Kutscher stürmte durch den Türenschlag erschreckt das Pferd an der Weser entlang. Der Geistliche rettete sich durch Absprung, der nur seitlich möglich war und deshalb derart unglücklich ausfiel, daß er längere Zeit bewußtlos liegenblieb. Ein des Wegs kommender Tierarzt leistete die erste Hilfe. Zum Schrecken des Hochzeitspaares und der Gäste kam das Gespann ohne Kutscher im Galopp auf dem Hofe an. Die offene Wagentür verhieß nichts Gutes. Nach Kenntnis des Geschehenen wurde der Geistliche der Deckberger Gemeinde zur heiligen Handlung gebeten. Die Zeit wurde jedoch dem jungen Paare und den Gästen herzlich lang und das Hochzeitsmahl brodelte vergebens, auch stand seit 2½ Uhr die Hochzeitskapelle tatenlos bereit, denn der Herr Pastor war nach Hameln verreist. Nach Überwindung formaler Schwierigkeiten konnte endlich gegen 7 Uhr abends die Trauung stattfinden und das Hochzeitsmahl verzehrt werden.

Trotz allem kam dann noch eine fröhliche Feststimmung auf. Es war eine Hochzeit mit Hindernissen. Hoffentlich kommt der Gr. Wiedener Geistliche ohne dauernden Schaden davon.

Möllenbeck

1921 wurde der Ziegler Wilhelm Potthast aus Möllenbeck wegen Mordes hingerichtet (Zuständigkeitsbereich des Oberstaatsanwalts in Hannover).[156]

Rannenberg

Der Führer der Pflichtfeuerwehr von Rannenberg Ferdinand Requardt berief für den 5. März 1935 eine Versammlung im Gasthaus Grupe ein, um eine freiwillige Feuerwehr zu gründen. Der Versuch scheiterte, da nur 14 Mann zu einem Eintritt bereit waren. Am 20. März 1935 wurde die zweite Versammlung einberufen, diesmal in Anwesenheit des Oberbrandmeisters Montua. Montua erläuterte Zweck und Ziele der freiwilligen Feuerwehr und überzeugte am Ende 28 Mann. Gebildet wurde somit ein Halblöschzug mit folgendem Führerrat: Brandmeister Ferdinand Requardt, stellvertretender Brandmeister Fritz Budde, Schriftführer Friedrich Mohr, Kassenwart Heinrich Köllner und Gerätewart Heinrich Tegtmeier. Unter dem Gründungs-Protokoll sind außerdem die Namen von Fritz Wente und Heinrich und Wilhelm Stummeier genannt. Ferdinand Requardt und sein Stellvertreter Fritz Budde traten noch im Gründungsjahr zurück, an ihre Stellen traten Brandmeistersohn Fritz Requardt und als Stellvertreter Fritz Wente. Fritz Requardt hatte das Amt bis 1950, als er bei einem Motorradunfall verunglückte, inne. Fritz Wente wurde dann neuer Brandmeister, und seine Nachfolge als stellvertretender Brandmeister trat Wilhelm Wächter an.[157]

---

[156] Nds. HptStA Hann. 173a Acc. 111/79 Nr. 442. Beschrieben in: MATTHIAS BLAZEK, „Die Scharfrichter seiner Majestät köpften weit mehr Menschen als vermutet – Neue Rechtfertigungen zur Todesstrafe / Erkenntnisse aus den Akten der Generalstaatsanwaltschaft im Niedersächsischen Landesarchiv", in: Journal der juristischen Zeitgeschichte, Heft 3/2010, hrsg. v. THOMAS VORMBAUM, Hagen 2010, S. 118 ff.

[157] *Gründungs-Protokoll der Freiwilligen Feuerwehr in Rannenberg*, abgebildet bei: www.feuerwehr-rannenberg.de.

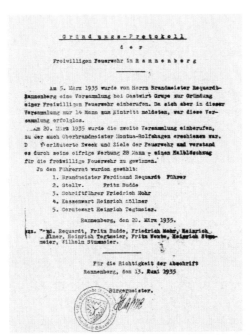

Abb. 26: Gründungs-Protokoll der Freiwilligen Feuerwehr in Rannenberg, 1935.

Rehren A.R.

Im Januar 1935 wurde die Freiwillige Feuerwehr Rehren A.R. gegründet. „Dadurch konnte die bis dahin bestehende Pflichtfeuerwehr aufgelöst werden", berichtete Helmut Lockemann in seinem geschichtlichen Rückblick von 1985. Heinrich Buhr wurde als erster Brandmeister der Wehr ernannt, weitere Mitbegründer waren Konrad Bruns, Heinrich Homeyer, Fritz Lattwesen, Konrad Schwake, Otto Steege und Otto Woltmann (die alle beim 50-jährigen Bestehen noch geehrt werden konnten).[158]

Die Kameraden trafen sich im Saal Hattendorf in Rehrwiehe zu den ersten Übungsstunden. Zunächst wurde „Gehen" (Fußdienst) geübt. Regelmäßige Übungen und Einsätze bestimmten das weitere Geschehen in der Wehr. Alle 14 Tage fand ein Dienstabend statt. Hier konnte Brandmeister Buhr seine in der Feuerwehrschule Celle erworbenen Kenntnisse weitergeben.

Die vorhandenen Feuerlöschgeräte (Handdruckspritze und einige Schläuche) und das Spritzenhaus wurden von der Pflichtfeuerwehr übernommen. An das alte Spritzenhaus – im heutigen Sprachgebrauch ein kleiner Schuppen – dürfte sich heute kaum noch jemand erinnern. Es stand an der heutigen Rehrener Straße gegenüber der Schule vor der Tegtmeierschen Scheune. Der Abriss erfolgte in den fünfziger Jahren des 20. Jahrhunderts.

---

[158] HELMUT LOCKEMANN, „Rückblick", in: 50 Jahre Freiwillige Feuerwehr Rehren A.R. 1935–1985, Rehren 1985, o. S. Daraus auch die folgende Darstellung.

Bald nach der Gründung entstand ein Bedürfnis, mit den Nachbarwehren zusammenzuarbeiten. Bereits im Sommer 1935 schlossen sich die Gemeinden Idensermoor-Niengraben, Haste, Helsinghausen-Kreuzriehe, Hohnhorst, Ohndorf, Riepen, Beckedorf, Ottensen und Rehren A.R. zum Feuerlöschverband Rehren zusammen. Für diesen Verband wurde noch im gleichen Jahr ein Feuerwehrfahrzeug beschafft, ein offener Opel Blitz mit ausziehbarer Leiter, und eine Motorspritze. Diese Geräte standen der Rehrener Wehr uneingeschränkt und fast ausschließlich zur Verfügung. Der Opel Blitz wurde vorerst in der Scheune des Gehöfts Homeyer untergestellt.

Die Handdruckspritze erhielt die Freiwillige Feuerwehr Ottensen.

Schon ein Jahr nach der Gründung musste die Freiwillige Feuerwehr Rehren A.R. ihre Schlagkraft unter Beweis stellen. Sie wurde beim Großbrand des Gehöfts Oldendorf in Niengraben eingesetzt. Als besonders schwierig erwies sich die Wasserversorgung. Das Wasser wurde aus dem Mittellandkanal entnommen und musste mit nur einer Motorspritze über eine Entfernung von etwa 500 Meter befördert werden.

Im Jahre 1937 wurde in Rehren ein modernes Feuerwehrhaus für den Feuerlöschverband erstellt, das nach Aussage von Helmut Lockemann auch 50 Jahre später noch allen technischen Anforderungen entsprach.

Es wurde der Unterkreis VIII mit Sitz in Rehren gegründet. Heinrich Steege aus Rehren A.R. wurde als Unterkreisbrandmeister gewählt (bis 1953 im Amt).

Eine jähe Unterbrechung in der Entwicklung brachte der Kriegsausbruch 1939. Brandmeister Heinrich Buhr legte 1940 sein Amt aus Altersgründen nieder. Seine Nachfolger wurde Fritz Bartels, in dessen Dienstzeit die schwersten Jahre der Rehrener Wehr fielen. Die meisten jüngeren Kameraden wurden zum Kriegsdienst eingezogen. An ihre Stelle traten wieder die älteren Kameraden und verrichteten aktiven Dienst. Sie wurden unterstützt von jungen Frauen, die zum Teil verpflichtet wurden, Feuerlöschdienst zu leisten.

Durch Kriegseinwirkungen wurden zahlreiche Einsätze erforderlich. Unvergesslich wird der Einsatz der Rehrener Wehr gemeinsam mit anderen motorisierten Wehren des Umlandes von Hannover zur Bekämpfung des großen Flächenbrandes in Hannover eingesetzt wurde.

Am 26. Juli, 22./23. September und 8./9. Oktober 1943 drohte Hannover fast im Bombenhagel der Alliierten zu versinken. Hatte schon bei der Abfahrt der mal rote, mal tiefschwarze Himmel die Größe des Brandes ahnen lassen, so bot der Anblick bei der Anfahrt erst das wahre schaurige Bild der brennenden Großstadt. Die Löschtrupps fuhren in ein blutrotes Flammenmeer. Bänke von dunklen Rauchwolken lagerten über der Stadt, bald stärker, bald schwächer von aufsteigenden und wieder absinkenden Feuersäulen angestrahlt. Ein Lotse führte die Wehr durch die brennenden Straßenzüge zum Einsatz. Die Anfahrt erfolgte durch enge brennende, durch Trümmerschutz und Bombentrichter kaum noch befahrbare Straßen. Da die Hydranten kein Wasser mehr gaben, gestalteten die

Löscharbeiten äußerst schwierig. Das Löschwasser musste in Zusammenarbeit mit anderen Wehren aus der Ihme und Leine herangeholt werden.

Am 25. März 1945 wurde der Krieg unmittelbar in den Ort Rehren hineingetragen. Nachdem ein großer Luftangriff auf Hannover gescheitert war, luden die Flugzeuge ihre Brandbomben auf Rehren ab. Drei Gebäude wurden völlig zerstört, mehrere andere Gebäude wurden beschädigt. Dass es hier nicht zum Totalschaden kam, ist nur dem tatkräftigen Einsatz der Rehrener Wehr zu verdanken, deren Hauptstütze zu dieser Zeit eine Damengruppe war. Löschhilfe leisteten die Nachbarwehren und die Wehr aus Hessisch Oldendorf. Da die eingesetzten Motorspritzen nicht ausreichten, vollzogen sich die Löscharbeiten nach althergebrachter Art, indem Wasser aus den Hausbrunnen – eine zentrale Wasserversorgung gab es noch nicht – in Eimer gefüllt und diese in Ketten von Hand zu Hand weitergereicht wurden. Wenn die zunächst vollgefüllte Eimer bis zur Brandstelle gelangt waren, waren sie oftmals noch weniger als halbvoll.

Am 8. April 1945 erfolgte der kampflose Einmarsch der Alliierten in Rehren. Das Feuerlöschwesen kam zum Erliegen. Die Militärregierung untersagte das Tragen von Uniformen und auch jegliche Vereinstätigkeit. Der Bürgermeister und Unterkreisbrandmeister Heinrich Steege erwirkte hier aber glücklicherweise eine Sondergenehmigung.

Der Aufbau des Feuerschutzes, insbesondere das Löschwesen, beruhte in Niedersachsen seit 1945 auf der Military Government Instruction.

Rodenberg

Schwarzes Tuch: Ausschluss des Ehrenbrandmeisters

Was die Protokolle der Feuerwehr verschweigen: Die Zeit des Nationalsozialismus (1933–1945) war auch eine schwere Zeit, besonders aber für die jüdischen Bevölkerungsteile. Seit 1933 wurden sie terrorisiert. Zunehmend wurden ihnen gegenüber Einschränkungen ausgesprochen. Besonders aus dem Wirtschaftsleben konnten sie zwar nicht sofort „entfernt" werden, da man größeren wirtschaftlichen Einbrüchen vorbeugen wollte. Ziel nationalsozialistischer Politik war es aber, die Vertreibung der Juden zu erreichen und deren Vermögen zu beschlagnahmen. Die Situation der Juden in der Grafschaft Schaumburg verschärfte sich von Jahr zu Jahr.

Vor diesem Hintergrund erfolgte im Jahre 1936 der Ausschluss des Landwirts und Altenteilers Wilhelm Bornemann, Grove 15, 59 Jahre, aus der Freiwilligen Feuerwehr Rodenberg. Bornemann hatte die Wehr von 1931 bis 1934 geführt und war Ehrenhauptmann derselben.[159] Den Ausschluss hatte Ortsgruppenleiter

---

[159] Wilhelm Bornemann trat der Freiwilligen Feuerwehr Rodenberg im Jahre 1907 bei. Lange Jahre gehörte er zum Vorstand, war einige Jahre stellvertretender Führer und schließlich, von 1931 bis 1934, Führer der Freiwilligen Feuerwehr. Nach Erreichung der Altersgrenze wurde er zum Ehrenhauptmann ernannt. Am 21. Februar 1934 wurde ihm vom Preußischen Staatsministerium das Erinnerungszeichen für die Verdienste um das Feuerlöschwesen verliehen. Bornemanns Distanz zur Partei machte ihn unbeliebt. So heißt es in einer Stellungnahme des Ortsgruppenleiters zu dem besagten Fall vom 20. Januar 1937: „Ich bemerke noch besonders,

Bürgermeister Wilhelm Ehlert (als Ortspolizeibehörde) mit Schreiben vom 30. November 1936 an die Kreisleitung der NSDAP in Rinteln gefordert, da Bornemann am 28. des Monats eine Kuh an den jüdischen Viehhändler Gustav Levy in Lauenau verkauft haben soll. Ein gleichlautendes Schreiben erhielt der Kriegervereinsvorsitzende Wilhelm Herbold. Auch dort sollte Wilhelm Bornemann ausgeschlossen werden. Und noch am gleichen Tag setzte Bürgermeister Wilhelm Ehlert entsprechende Schreiben an Wehrführer Karl Möller, zur Kenntnis an Oberbrandmeister Johann Becker in Rodenberg, und an den Reichsnährstand, Kreisbauernschaft, Rinteln, auf.[160]

Brandmeister Möller setzte die Weisung um. Er schrieb dem Beschuldigten am 2. Dezember 1936: „Laut Schreiben des Bürgermeisters vom 30. XI. 36 haben Sie am Sonnabend den 28. XI. 36 eine Kuh dem Juden Gustav Levy, Lauenau, verkauft. Da ein derartiges Geschäftsgebaren gegen die heutige Volksauffassung verstößt, müssen wir Sie auf Anordnung des Bürgermeisters aus der Freiw. Feuerwehr ausschließen."

Bornemann erhob Einspruch. Er schrieb dem Führer der Wehr am 5. Dezember, dass er keine Kuh an einen Juden verkauft habe. So äußerte er sich auch gegenüber der Kriegerkameradschaft Rodenberg und fügte hinzu, dass er den Hof bereits drei Jahre zuvor an seinen Schwiegersohn Wilhelm Schmidt übergeben habe. Bornemann, seit 26 Jahren in der Kriegerkameradschaft, sollte aus diesem Grund nicht ausgeschlossen werden. Offensichtlich war aber jemandem an einem Ausschluss besonders gelegen, denn die Kriegerkameradschaft Rodenberg hielt in ihrem Schreiben an den Ortsgruppenleiter in Rodenberg vom 4. Dezember 1936 noch eine Option offen: „Bornemann soll sich gegen eine Anordnung des Reichsnährstandes vergangen haben. Dieser mag deshalb gegen Bornemann vorgehen wegen Mißachtung seiner Anordnungen und seine Feststellungen treffen. Sollten diese ergeben, daß Bornemann sich vergangen hat, wird die Kriegerkameradschaft Rodenberg nicht säumen, ihrer Pflicht nachzukommen und Bornemann auszuschließen."

Langwierige Verhandlungen folgten. Auch der Schwiegersohn beteuerte, „in den letzten 3 Jahren mit keinem Juden mehr gehandelt" zu haben. Dem widersprach allerdings der Viehhändler Adolf Levy am 29. Dezember, der ihm die Kuh für 165 Mark abgekauft haben wollte, die sein Bruder Gustav Levy einige Tage später abgeholt haben soll.

Eine Ortsbauernversammlung folgte wenig später. Der Bauer Christian Görling, Grove 4, erklärte demonstrativ, dass auch er vor etlichen Monaten eine Kuh an einen jüdischen Händler verkauft habe. Der Ortsgruppenleiter reagierte. Am 29. Dezember 1936 forderte er Sturmführer Callier, SA Sturm 9/231 Rodenberg,

---

daß Bornemann ein Nörgler ist, der sich grundsätzlich gegen jede andere Meinung stemmt und auch in politische Beziehung nicht die Belange der NSDAP vertritt. Auch ist Bornemann, wie mir die NSV. bestätigt hat, nicht Mitglied derselben."
[160] Nds. StA Bückeburg Dep. 42 R Nr. 183; vgl. HARDY KRAMPERTZ, Beiträge zur Rodenberger Sozialgeschichte des 19. und 20. Jahrhunderts, Rodenberg 1990, S. 198, 199.

auf, diese Person wegen dieses „staatsfeindlichen Handelns" unverzüglich aus der SA auszuschließen.

Zwischenzeitlich hatte sich Wilhelm Bornemann rechtlichen Beistand gesucht, den er im Rechtsanwalt Dr. jur. Reichmann in Hannover fand. Verschiedene Schreiben folgten, darunter eine Beschwerde gegen die Verfügungen vom 30. November und 2. Dezember 1936, gerichtet am 16. Januar 1937 an den Landrat des Landkreises Grafschaft Schaumburg in Rinteln.

Die Kriegerkameradschaft Rodenberg ließ es zwischenzeitlich mit einer Verwarnung gegenüber Wilhelm Bornemann von Seiten des Kreisverbandsführers auf sich beruhen. Auch Kreisfeuerwehrführer Georg Schwedt in Hess. Oldendorf stellte in einem Schreiben an den Ehrenhauptmann vom 8. März 1937 in Aussicht, dass sich „wohl ein gangbarer Weg finden lassen" werde, „um die Angelegenheit aus der Welt zu schaffen".

Ortsgruppenleiter Ehlert ließ aber nicht locker und betonte mit Nachdruck, dass Bornemann „keineswegs mehr als Ehren-Hauptmann in Frage kommen" könne. Der Kreisfeuerwehrführer schrieb dem Ehrenhauptmann am 13. März 1937: „Ihre Berufung gegen den Führerrat der dortigen Freiwilligen Feuerwehr wegen Ausschluss aus derselben wird hiermit als unbegründet zurückgewiesen und der Ausschluss damit bestätigt. Diese Entscheidung ist gemäss §6 Ziffer 5 Absatz 2 der Satzung der dortigen Freiwilligen Feuerwehr endgültig."

Nun war es an der Zeit, dass sich Landrat Oskar Funk einschaltete.[161] Er richtete unter dem 23. April 1937 deutliche und mahnende Worte an Bürgermeister Ehlert. Er kritisierte, dass ein Grund für Ehlert „zu einem so krassen Vorgehen gegen ein altes und verdientes Mitglied der Feuerwehr kaum anerkannt werden" könne. Der Verkauf einer Kuh an einen Juden sei nicht bewiesen, und selbst wenn, „so dürfte immerhin die Ausschließung eines bis dahin verdienten alten Mitgliedes aus der Feuerwehr hiergegen doch wohl eine zu harte Sühne bedeuten".

Die Nazi-Schergen ließen nicht locker. Sie wollten einen Präzedenzfall schaffen, damit der Handel mit jüdischen Händlern in Zukunft ausbleiben würde. Die Aufsichtsbehörde in Rinteln hob aber die Anordnung des Bürgermeisters vom

---

[161] Oskar Funk, * Neidenburg, Ostpr., 16. Dezember 1896, † Rheinhausen 21. März 1963, Verwaltungsgerichtsdirektor, 1932 als Regierungsrat Nachfolger des Landrats Dr. Alfredo Stange in Sensburg, bereits nach zweijähriger Amtszeit am 24. März 1934 nach Rinteln versetzt, um den bei NSDAP-Kreisleiter Gustav Reineking (1901–1945) in Misskredit gefallenen Landrat Dr. Erich Moewes (1875–1951) zu ersetzen, Eintritt in die NSDAP am 1. Mai 1934, mit kurzer Unterbrechung im Jahre 1942 bis zum September 1944 Landrat in Rinteln, im November 1944 Versetzung an das Landratsamt des Landkreises Niederbarnim in Berlin. (Genealogisches Handbuch des Adels, Bd. 68, 1978, S. 68, JAN WENDORF, „Ich lebe und sterbe für meinen Führer!": Gustav Reineking – Kreisleiter in der Grafschaft Schaumburg, in: Schaumburger Nationalsozialisten, Bielefeld 2010, S. 215 ff.) Eintrag im Politischen Jahrbuch der CDU/CSU, Recklinghausen 1950, S. 315: „**Kreisverband Grafschaft Schaumburg /** Vorsitzender: Oskar Funk, Landrat z. V., Rinteln, Dingelstedt-Wall 26. / Geschäftsstelle: Rinteln Brennerstrasse 18, Tel. 653 / Geschäftsführer: Dr. Kurt Haase. / Landrat: Friedrich Busche (SPD) …"

30. November 1936 am 8. Mai 1937 gegenüber dem Führer der Freiwilligen Feuerwehr auf.

Nun suchte Bürgermeister Ehlert Unterstützung bei der Parteiführung der NSDAP, Gau Westfalen-Nord, in Rinteln, und die hielt zu ihrem Parteigenossen in Rodenberg. Daraufhin forderte Ehlert am 19. August 1937 vom Wehrführer, Bornemann mit sofortiger Wirkung aus der Freiwilligen Feuerwehr „auszuscheiden". Der Fall hatte sein unrühmliches Ende gefunden, die Akte wurde wenig später geschlossen.[162]

Abb. 27: Sachsenhagen, Markt, Winter 1941.

Sachsenhagen

Im Gasthaus „Zum goldenen Löwen" (Friedrich Wilkening) in Sachsenhagen trafen sich im Januar 1900 18 junge Leute, um einen Sportverein zu gründen, der den Namen „Männer-Turnverein Sachsenhagen" erhielt. Der Magistrat der Stadt stellte nach langem Zögern den oberen Saal im Schlossturm als Übungsraum zur Verfügung. Über eine enge Wendeltreppe, die zum Turnraum führte, konnten die kostbaren Turngeräte, wie Reck, Barren und Pferd, nicht hinaufgebracht werden, sondern mussten mittels eines Flaschenzuges an der Außenwand durch ein Fenster gehievt werden. Zwei Petroleumleuchten erleuchteten den Raum, und in den Wintermonaten sorgte ein Kanonenofen für entsprechende Wärme.[163]

---

[162] MATTHIAS BLAZEK, Chronik 100 Jahre Freiwillige Feuerwehr Rodenberg 1904–2004, Rodenberg 2004, S. 49 ff.
[163] SV „Victoria" Sachsenhagen – mit der Siegesgöttin im Bunde, VIVA vom Mai 1994, S. 14, vgl. MUNK, Sachsenhagen, wie oben, S. 229 ff.

Rolfshagen

Das Staatsministerium der NS-Regierung erließ für Preußen das Gesetz über das Feuerlöschwesen vom 15. Dezember 1933, das, in Verbindung mit dem Gesetz über den Neuaufbau des Reiches vom 30. Januar 1934, in die gewachsene Struktur der Feuerwehren eingriff. Die bisher maßgebenden Polizeiverordnungen der Oberpräsidenten wurden aufgehoben. Paragraph 1 besagt: „In jedem Ortspolizeibezirke muß eine leistungsfähige und den örtlichen Verhältnissen entsprechend ausgerüstete Feuerwehr vorhanden sein." So wurden in der folgenden Zeit relativ viele freiwillige Feuerwehren gegründet, beispielsweise 1934 in Ohndorf und in Rolfshagen, 1935 in Rehren A.R. und in Wiersen, 1936 in Lauenhagen, 1937 in Düdinghausen, in Nordsehl und in Volksdorf-Kuckshagen.[164]

1934 versammelten sich Bürger von Rolfshagen, um die bestehende Pflichtfeuerwehr der Gemeinde in eine freiwillige zu überführen. Bei der Gründungsversammlung waren 41 überwiegend junge Männer anwesend, die ihren Beitritt erklärten. Die meisten von ihnen waren von Beruf Bergmann. Ihnen folgten Glasmacher, Handwerker, Landwirte, Arbeiter und acht Handwerksmeister. Einer von ihnen, nämlich der Tischlermeister Heinrich Buhr, wurde der erste Feuerwehrführer in Rolfshagen (und blieb es bis 1953). Die Leitung sowie die Rechte und Pflichten der Feuerwehrleute wurden erstmals durch eine am 18. Mai 1936 von den Mitgliedern beschlossene und am 10. Dezember 1936 in Kraft getretene Satzung geregelt. Von 1934 bis 1940 standen den Feuerwehrleuten in Rolfshagen zur Erfüllung ihrer Pflichten eine Handpumpe und ein Handschlauchkarren zur Verfügung. 1940 wurde ein Tragkraftspritzenanhänger angeschafft, der bis 1957 in Betrieb war.[165]

Sachsenhagen

Da von den ersten Jahren der Vereinsgeschichte des DRK-Ortsvereins Sachsenhagen nur wenige Unterlagen vorliegen, konnte man diese 1986 nur durch Gespräche mit den älteren Mitgliedern zusammenfügen.

Im Jahre 1936 gründeten auf Initiative von August Winkelhake die folgenden Herren den DRK-Ortsverein Sachsenhagen mit einer Sanitätsdienstgruppe: Straßenbauarbeiter Heinrich Behrens, die Landwirte Heinrich Hahne, Ludwig Bellersen, Ludwig Franke und Wilhelm Lampe, der Arbeiter Fritz Schwarze und Bäckermeister Ludwig Stackmann. August Winkelhake, der als junger Mann (1912) als Hornist das Signalhorn der Feuerwehr geblasen hatte, übernahm die Führung.

Nachdem am 1. September 1939 der Zweite Weltkrieg ausgebrochen war, wurden von der Sanitätsdienstgruppe in der Villa Möller (Dühlfeld) und im Rathaus Rettungsstellen eingerichtet. Der spätere Stadtdirektor Dietrich Klingemann, von Beruf Bergmann, gesellte sich zu der Gruppe und bastelte einen Operations-

---

[164] Über das Schaumburgische Feuerwehrwesen in dieser Zeit vgl. MATTHIAS BLAZEK, Unter dem Hakenkreuz: Die deutschen Feuerwehren 1933–1945, Stuttgart 2009.
[165] *www.landes-zeitung.de*, Artikel vom 15. April 2009.

tisch sowie – aus einer Grubenlampe – eine OP-Lampe für die Rettungsstelle in der Villa.

Aus der Sanitätsdienstgruppe entwickelte sich 1941 ein Sanitätszug. Die Stärke betrug aktuell 25 Helfer.

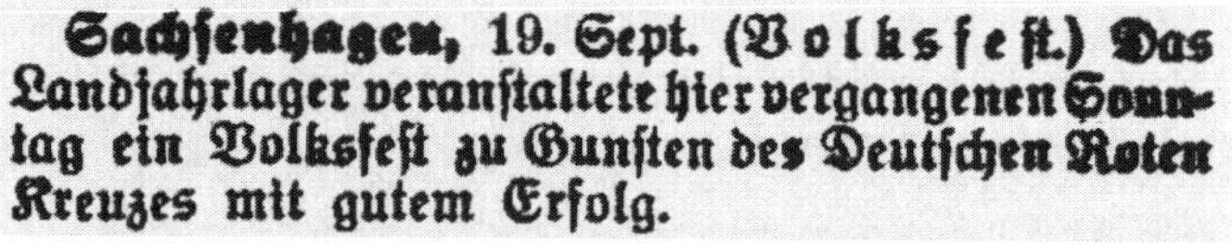

> **Sachsenhagen, 19. Sept. (Volksfest.) Das Landjahrlager veranstaltete hier vergangenen Sonntag ein Volksfest zu Gunsten des Deutschen Roten Kreuzes mit gutem Erfolg.**

Abb. 28: Pressemitteilung aus dem „General-Anzeiger" aus dem Jahre 1940.

Da am 18. Oktober 1944 der Bereitschaftsführer Gerhard Heringslack aus Bad Nenndorf gefallen war (im Alter von 19 Jahren in Ungarn), übernahm August Winkelhake die Führung des Sanitätszuges und wurde der neue Bereitschaftsführer.

Es folgten nun Jahre, in denen das DRK Sachsenhagen sein Können und seine Einsatzbereitschaft unter Beweis stellen musste. In meist schwierigen Einsätzen bemühten sich die Helfer, ihre Aufgaben im Sinne des Genfer Abkommens zu erfüllen. Überörtliche Einsätze führten den Sanitätszug selbst bis nach Hannover, das mehrere Bombenwellen über sich ergehen lassen musste.

Gegen Ende des Krieges suchte der damalige alliierte Stadtkommandant von Stadthagen den Bereitschaftsführer August Winkelhake auf und bat um sanitätsdienstliche Versorgung seiner Leute. Dieses wurde selbstverständlich zugesagt. Eine Dienstbekleidung durfte nicht mehr getragen werden, und die Helfer wurden mit einer weißen Armbinde gekennzeichnet. Der nächste Einsatz ließ nicht lange auf sich warten: Spielende Kinder verletzten sich durch Detonation einer Eierhandgranate, die sie in der Kuhle gefunden hatten. Ein Kind starb.[166]

Der Junge hieß Helmut Schlüter, die Familie wohnte zu dieser Zeit im jetzigen neuen Rathaus.

August Winkelhake, der das DRK Sachsenhagen bis 1982 leitete, erhielt 1983 für seine Verdienste aus den Händen von Landrat (von 1981 bis 1986) Heiner Schoof das Bundesverdienstkreuz. Er starb am 19. Februar 1986. Dietrich Klingemann, der 1974 mit dem Bundesverdienstkreuz ausgezeichnet wurde, starb am 13. Januar 1981 im Alter von 79 Jahren.

---

[166] BÄRBEL GROTE, WOLFGANG BERGMANN, WOLFGANG EVERDING, HANS-JÜRGEN KONSOG, KLAUS WICHERT, 50 Jahre DRK-Ortsverein Sachsenhagen 1936–1986, Sachsenhagen 1986, S. 21.

Abb. 29: Sachsenhäger Rathaus, Arkadenbau, um 1950.

Sachsenhagen

Während des Zweiten Weltkriegs (1939–1945) war die Freiwillige Feuerwehr Sachsenhagen zweimal zur Brandbekämpfung in Hannover eingesetzt (am 26. Juli und 9. Oktober 1943). Da viele Wehrangehörige an der Front waren, wurden ältere Einwohner und auch Jugendliche zur Brandbekämpfung dienstverpflichtet.

1943 warf ein Feindflieger Bomben ab, die die Scheune des Landwirts Heinrich Brösche (Bergtrift) in Brand setzten. Viele Fenster, Türen und Dächer wurden zerstört.

Von der Uniformfabrik „Industria" in Bromberg wurden dem Löschverbandsvorsitzenden „im Auftrag des Reichsamt Fr. Fw. Berlin" am 24. Juli 1943 drei Pakete mit 15 kompletten HJ-Feuerwehruniformen zum Preis von insgesamt 867,75 Reichsmark zugesandt.

Jetzt (1943), wo die Not noch größer geworden war, hieß es: „Die Heranziehung zur Feuerwehr ist eine notwendige Kriegsmaßnahme. Sie erfolgt aufgrund eines Runderlasses der Deutschen Polizei." Die Feuerwehrmänner galten als Ordnungspolizisten. Unter den Hinweisen für den Dienst las man: „Meckereien und Redereien sind verpönt!"

In einer Verhandlung über die Unterstellung der Angehörigen der Feuerwehr unter die „SS- und Polizeigerichtsbarkeit" erklärten die Feuerwehrmänner, „daß sie den militärischen Strafgesetzen unterliegen, und somit auch unerlaubte Entfernung, Beleidigung eines Vorgesetzten, Ungehorsam, Gehorsamsverweigerung, Widersetzung, Erregung von Mißvergnügen, Untergrabung der Manneszucht usw. strafrechtlich geahndet werden können." Damit war der tiefste Eingriff dieser Zeit vollzogen: Die Freiwillige Feuerwehr Sachsenhagen war dem SS-Strafgesetz unterstellt.

Über Kreisfeuerwehrführer Georg Schwedt in Hessisch Oldendorf erhielt der Löschverband am 17. Juli 1944 insgesamt 40 Gasmasken (M 30 France): „Vorstehende Gasmasken stammen aus Beutebeständen und sind leihweise den Wehren übergeben."

Ab Dezember 1941 (bis 1947) wurden in Sachsenhagen zunächst zwei, nach Kriegsende fünf männliche Bürger täglich zur Feuerwache eingeteilt. Ab 1944 wurde jeden 6. Tag die Freiwillige Feuerwehr zu diesem Dienst eingeteilt.

Gleich nach Kriegsende rotteten sich die polnischen und russischen Gefangenen oder Fremdarbeiter zusammen, die zuvor bei den Landwirten und der Zimmerei Stelling zum Arbeitsdienst eingesetzt gewesen waren, und verübten Racheakte an den Personen, denen sie Strafmaßnahmen verdankten. Dazu gehörte Wehrführer Eduard Bock, der – wie alle anderen Wehrmitglieder auch – polizeiliche Befugnisse in Anspruch genommen hatte. Mehrere der Freigelassenen fuhren bei der Reparaturwerkstatt des Schmiedemeisters vor und prügelten gemeinsam auf dessen Kopf und Rippen ein. Dies geschah in der Schmiede. Die Familie wurde ferngehalten. Bock erlag wenige Tage später seinen schweren Verletzungen.[167]

Abb. 30: Sachsenhagen, Hochwasser der Stadtaue, etwa 1950/51.

---

[167] MATTHIAS BLAZEK, „Dem Ortspolizeiverwalter unterstellt" – Feuerwehrgeschichte 1933-45, Schaumburger Wochenblatt vom 6. und 13. April 1994.

Wilhelmsdorf

Von Rehren A.R. aus wurde 2,5 Kilometer nordwestlich von Haste auf ehemaligem Waldland die Siedlung Wilhelmsdorf gegründet, während von Hohnhorst ausgehend, ein Kilometer nordwestlich von Haste, ebenfalls auf neu gerodetem Waldland eine zweite Ansiedlung entstand. Die Siedlung Wilhelmsdorf wurde im Jahre 1923 gegründet. Bürgern aus Rehren, die die Baulust gepackt hatte, die aber im eigenen Dorf kein Baugelände bekamen, bot sich die Gelegenheit, 500 Meter östlich von Rehren Bauland zu erwerben. Es wurde durch die Forstwirtschaft zur Verfügung gestellt.

Im Herbst 1922 war Phillip Buhr der erste, der mit dem Ausschachten des Hausfundamentes für sein späteres Gasthaus begann. Im Sommer 1923 konnten dann die Familien Buhr, Dornbusch und Meyer ihr neues Heim beziehen.

Wer von den Wilhelmsdorfern damals glaubte, er sei in einen neuen Ortsteil der damaligen Gemeinde Rehren A.R. übergesiedelt, der wurde einige Jahre später enttäuscht. Im Jahre 1929 wurde durch Beschluss der damals zuständigen Verwaltungsstellen beschlossen, dass die Siedlung Wilhelmsdorf der Gemeinde Haste zugeschlagen wurde.

Aber ein echtes Zusammenwachsen fand nicht statt. Zu stark waren die gewachsenen wirtschaftlichen und familiären Bindungen an Rehren; wie beispielsweise durch den Männergesangverein Rehren von 1905: Ohne Mitwirkung der Wilhelmsdorfer war „überhaupt nichts denkbar".

Am 20. September 1933 erging ein Schreiben des Landrates des Kreises Grafschaft Schaumburg an den Herrn Gemeindevorsteher von Rehren A.R., dass der Regierungspräsident für die neu gebildete, politisch zur Gemeinde Haste gehörende Siedlung Wilhelmsdorf offiziell und landespolizeilich den Namen „Siedlung Wilhelmsdorf" festgestellt habe. Die Bewohner hatten den Namen aber schon vorher von der nahe gelegenen Wilhelmskuhle abgeleitet.

Bis zum Ausbruch des Zweiten Weltkriegs standen in Wilhelmsdorf 20 Häuser; sie alle gehörten einst Bürgern aus Rehren. Während des Krieges wurden weitere acht Behelfsheime gebaut. In den Nachkriegsjahren setzte dann auch hier ein Bauboom ein. Viele Vertriebene fanden in Wilhelmsdorf Bauland und freuten sich, wieder ein eigenes Dach über dem Kopf zu haben. „Schließt man die zur Zeit im Rohbau befindlichen fünf Bauten ein, so ist der Ortsteil auf 71 Häuser angewachsen", verlautete im Schaumburger Wochenblatt vom 21. Juli 1993.[168]

---

[168] HANS WERNER ROTHE, Zur Geschichte der ländlichen Gesellschaft im Schaumburger Land: Lindhorst (Schaumburger Studien Bd. 56), Melle 1998, Schaumburger Wochenblatt vom 21. Juli 1993, *www.wilhelmsdorfer-jungen.de/geschichte*.

1950

Grafschaft Schaumburg

Im November 1952 verlautete in der Zeitung:

Im Kreis Grafschaft Schaumburg gab es im Oktober 1952 insgesamt 60 Verkehrsunfälle, und zwar mit drei Toten, acht Schwerverletzten und 26 Leichtverletzten. Unter den Hauptgründen: schlechter Straßenzustand, übermäßige Geschwindigkeit, vier Unfälle durch Tiere.

Der Kreistag hatte eine neue Jagdsteuerverordnung beschlossen, die nun in Kraft trat.

Kreisbrandmeister Wilhelm Gundlach und seine Unterkreisbrandmeister (und der Brandverhütungsingenieur des Kreises) wurden Vollzugsbeamte und erhielten erweiterte Befugnisse, die damit ähnlich wie die der Polizeibeamten wurden.

Im Landkreis Grafschaft Schaumburg gab es 14 Sitze für die SPD, 10 für den BHE (Block der Heimatvertriebenen und Entrechteten), 11 für die Wählergemeinschaft und zwei für die Deutsche Partei. Die KPD ging leer aus.[169]

Der Kreistag Grafschaft Schaumburg fasste 1953 zum Punkt „Ausgliederung der Gemeinde Schöttlingen" (die bisher eine Enklave auf schaumburg-lippischem Gebiet war) einmütig nachstehenden Entschluss: „Der Kreistag hält es nicht für tragbar, gegen den eindeutigen Willen der Einwohnerschaft zu entscheiden, und zwar umso weniger, als ihm Gründe des öffentlichen Wohles, die die Umkreisung rechtfertigen könnten, bisher nicht bekannt geworden sind. Er spricht sich daher gegen die Umkreisung aus."[170]

Die Zahl der Sterbefälle im Kreis Grafschaft Schaumburg war im Februar 1953 außerordentlich hoch: 133 gegenüber einem Durchschnitt von 60 in anderen Monaten. Die Zahl der Geburten betrug im Februar 112.

Im Kreis Grafschaft Schaumburg hielten 8114 Tierhalter 39 097 Schweine.[171]

Düdinghausen

Gleich zu Beginn des Jahres 1953 gerieten in Düdinghausen zwei Männer bei einer ausgedehnten Zecherei in einen Streit. Der eine griff zu einem Besenstiel und schlug seinem Gegner damit über den Kopf. Dieser trug so schwere Verletzungen davon, dass er sofort ins Krankenhaus eingeliefert werden musste.[172]

---

[169] Schaumburger Wochenblatt vom 25. November 1992. Wilhelm Gundlach aus Rinteln war Kreisbrandmeister des Landkreises Grafschaft Schaumburg von 1945 bis 1969, dem Jahr seines 71. Geburtstags. Im Jahre 1979 starb diese verdienstvolle Persönlichkeit. (BLAZEK, Auhagen, wie oben, S. 53.)
[170] Schaumburger Wochenblatt vom 6. März 1993 („Vor 40 Jahren stand in der Zeitung").
[171] Schaumburger Wochenblatt vom 27. März 1993 („Vor 40 Jahren stand in der Zeitung").
[172] Schaumburger Wochenblatt vom 30. Januar 1993 („Vor 40 Jahren stand in der Zeitung").

Abb. 31: Ansichtskarte aus Obernkirchen um 1955.

Abb. 32: Ansichtskarte des Sanatoriums in Rinteln, 1950er Jahre.

Ottensen

Die Gemeinde Ottensen beantragte 1953 eine zweite Lehrerstelle und zugleich die Erweiterung der einklassigen Schule um einen weiteren Unterrichtsraum. Die Schülerzahl betrug 70; man erwartete, dass sie auch in der Zukunft nicht absinken würde.[173]

---

[173] Schaumburger Wochenblatt vom 10. April 1993 („Vor 40 Jahren stand in der Zeitung").

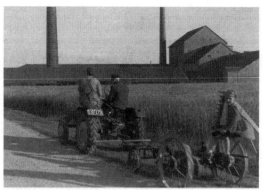

Abb. 33: Sachsenhagen, Erntezeit bei der Ziegelei, 1952.

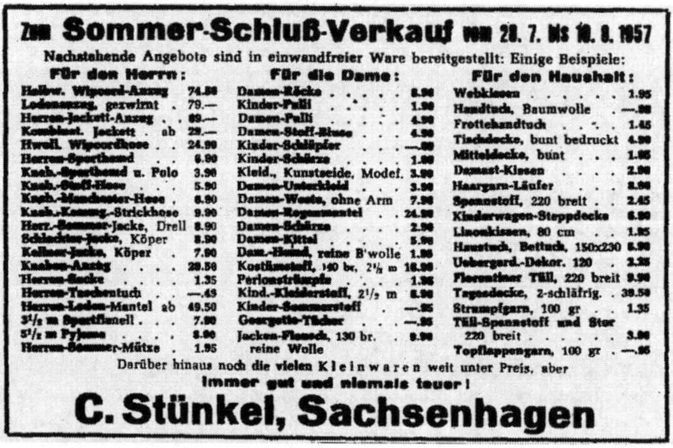

Zum Sommer-Schluß-Verkauf vom 28. 7. bis 10. 8. 1957

Nachstehende Angebote sind in einwandfreier Ware bereitgestellt: Einige Beispiele:

Für den Herrn:

Halbw. Wipcord-Anzug	74.50
Lodenanzug, gezwirnt	79.—
Herren-Jackett-Anzug	69.—
Kombinat. Jackett ab	29.—
Hwoll. Wipcordhose	24.90
Herren-Sporthemd	6.90
Knab.-Sporthemd u. Polo	3.90
Knab.-Stoff-Hose	5.90
Knab.-Manchester-Hose	6.90
Knab.-Kammg.-Strickhose	9.90
Herr.-Sommer-Jacke, Drell	8.90
Schlachter-Jacke, Köper	8.90
Kellner-Jacke, Köper	7.90
Knaben-Anzug	29.50
Herren-Socke	1.35
Herren-Taschentuch	—.49
Herren-Loden-Mantel ab	49.50
3½ m Sportflanell	7.90
5½ m Pyjama	8.90
Herren-Sommer-Mütze	1.95

Für die Dame:

Damen-Röcke	8.90
Kinder-Pulli	1.90
Damen-Pulli	4.90
Damen-Stoff-Bluse	4.90
Kinder-Schlüpfer	—.80
Kinder-Schürze	1.90
Kleid., Kunstseide, Model.	3.90
Damen-Unterkleid	3.90
Damen-Weste, ohne Arm	7.90
Damen-Regenmantel	24.90
Damen-Schürze	2.90
Damen-Kittel	5.90
Dam.-Hemd, reine B'wolle	1.90
Kostümstoff, 140 br., 2½ m	16.90
Perlonstrümpfe	1.95
Kind.-Kleiderstoff, 2½ m	6.90
Kinder-Sommerstoff	—.95
Georgette-Tücher	—.95
Jacken-Flausch, 130 br. reine Wolle	9.90

Für den Haushalt:

Webkissen	1.95
Handtuch, Baumwolle	—.90
Frottehandtuch	1.45
Tischdecke, bunt bedruckt	4.90
Mitteldecke, bunt	1.95
Damast-Kissen	2.90
Haargarn-Läufer	8.90
Spannstoff, 220 breit	2.45
Kinderwagen-Steppdecke	6.90
Linonkissen, 80 cm	1.95
Haustuch, Bettuch, 150x230	6.90
Uebergard.-Dekor. 120	2.35
Florentiner Tüll, 220 breit	9.90
Tagesdecke, 2-schläfrig.	39.50
Strumpfgarn, 100 gr	1.35
Tüll-Spannstoff und Stor 220 breit	3.90
Topflappengarn, 100 gr	—.95

Darüber hinaus noch die vielen Kleinwaren weit unter Preis, aber

immer gut und niemals teuer!

C. Stünkel, Sachsenhagen

Abb. 34: Geschäftsanzeige von 1957.

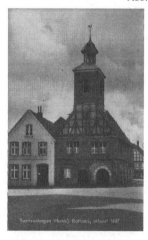

Abb. 35: Postkarte vom Sachsenhäger Rathaus.

Kreisbrandmeister Gundlach bleibt im Amt

Vom Vertrauen der Gemeindebrandmeister getragen / Kreisfeuerwehrverband tagte

Zu einer Gemeindebrandmeister-Dienstbesprechung, verbunden mit der Delegiertentagung des Kreisfeuerwehrverbandes Grafschaft Schaumburg, hatte Kreisbrandmeister Gundlach am Sonnabend in den Ratskellersaal in Rodenberg eingeladen. Neben den fast vollzählig erschienenen Wehrführern und deren Stellvertretern konnte er als Ehrengäste Bürgermeister Becker, der selbst über 30 Jahre der Feuerwehr angehörte und lange Jahre Stadtbrandmeister der Stadt Rodenberg war, Stadtdirektor Schüb sowie Oberinspektor Nagel von der Kreisverwaltung begrüßen. Im Mittelpunkt der Tagung stand die Ehrung langjähriger, verdienter Feuerwehrmänner. So konnte Kreisbrandmeister Gundlach drei getreue Kameraden mit dem Deutschen Feuerwehr-Ehrenkreuz II. Stufe auszeichnen: Oberbrandmeister Heinrich Schnüll, Uchtdorf, Brandmeister Wilhelm Schweer, Horsten, und Oberbrandmeister Wilhelm Sundermeyer, Liekwegen. Alle drei leiten seit vielen Jahren ihre Wehren in vorbildlicher Pflichterfüllung. Kam. Schnüll hat sich außerdem als Unterkreisbrandmeister des Unterkreises II bewährt. Mit dem silbernen Feuerwehr-Ehrenzeichen der niedersächsischen Landesregierung wurde ferner Gemeindebrandmeister Kastning für über 25jährigen Dienst in der Feuerwehr ausgezeichnet.

Nach der Begrüßung durch den Kreisbrandmeister gedachten die Anwesenden der im letzten Jahr verstorbenen sowie der in den beiden Weltkriegen gefallenen Kameraden. Danach begrüßte Bürgermeister Becker die Versammlung im Namen des Rates. Er hob besonders die Verdienste, die sich die Feuerwehren im Katastrophenjahr 1962 durch ihren uneigennützigen Einsatz erworben haben, hervor.

Das von Löschmeister Steinmann verlesene Protokoll der letzten Tagung wurde von der Versammlung gebilligt; ebenso wurde dem Kassierer Oberfeuerwehrmann Herbst für seine saubere Kassenführung im Kreisfeuerwehrband einmütig Entlastung erteilt. Gegen eine Stimme sprach man sich für eine Erhöhung der Beiträge für den Kreis- und Landesfeuerwehrverband von 0,80 auf 1 DM aus. Für den bisherigen Kreispressewart Mehner, Rinteln, wählte die Versammlung den Löschmeister Ackemann, Obernkirchen, als Nachfolger.

Kreisoberinspektor Nagel, der die Grüße der Kreisvertretung und des Oberkreisdirektors überbrachte, referierte über wichtige und zum Teil unklare Gesetzesvorschriften, wie z. B. über die Alarmierung der Feuerwehren im Ernstfall und bei Übungen, Anträge auf Ehrenzeichen, Personen- und Sachwertversicherungen blickt über die im vergangenen Jahr vom Kreis beschafften Fahrzeuge, Geräte und Schlauchmaterialien. Bei dieser Gelegenheit wurde aus der Versammlung heraus die Notwendigkeit betont, daß für Öl- oder Benzinbrände, die ja heute mehr denn je möglich sind, Schaumpulver in genügender Menge beim Kreis auf Vorrat gelagert werden müssen. Dies soll nach Aussage des Kreisbrandmeisters geschehen. Es wurde aber auch darauf hingewiesen, daß es den Betrieben, die größere Mengen Öl und Benzin lagern, zur Auflage zu machen ist, selbst Trockenlöscher für den ersten Einsatz in genügender Zahl vorrätig zu haben.

Im weiteren Verlauf der Tagung bestätigte Kreisbrandmeister Gundlach den Kameraden Lohmann, Rinteln, in seinem Amt als Gemeindebrandmeister. Weiter beglückwünschte er die Wehr Zantorf, die im vergangenen Jahr bei den Wettkämpfen als Kreis- und Bezirkssieger hervorging, sowie die Wehr Rodenberg, die in der Klasse der LF 8 ebenfalls zu den Kreis- und Bezirksbesten gehörte. Die im Jahre 1961 in Bad Godesberg erstmal durchgeführte „Feuerwehr-Olympiade" wird in diesem Jahr in Mühlhausen im Elsaß stattfinden. Zu den Ausscheidungswettkämpfen können sich alle Wehren melden. Aus Niedersachsen werden für Wettkampfgruppen an dieser Olympiade teilnehmen.

Dann berichtete der Kreisbrandmeister über die Tagung der Kreisfeuerverbandsvorsitzenden der Landesfeuerwehrverbände in Verden, wo u. a. die unzulänglichen Zustände an der noch vorbildlichen niedersächsischen Landesfeuerwehrschule in Celle behandelt worden waren. Die dort gefaßte Resolution an die Regierung fand auch in dieser Tagung vollstes Verständnis. Auf Antrag eines Gemeindebrandmeisters wird auch der hiesige Kreisverband im Bewußtsein, daß im Zuge der fortschreitenden Technisierung qualifizierte Führungskräfte herangebildet werden müssen, eine Resolution an das Ministerium senden.

Vorgemerkt wurden die Delegiertentagung des Landesfeuerwehrverbandes vom 7. bis 9. Juni in Emden und der Kreisfeuerwehrtag am 23. Juni in Rinteln.

Kreisbrandmeister Gundlach, dessen Amtszeit mit Ende dieses Jahres ausläuft, hätte gern gesehen, wenn man ihm schon zur Einarbeitung seines Nachfolgers eine geeignete Kraft benennen würde. Er wurde aber durch den überwältigenden Vertrauensbeweis, der ihm von seinen Gemeindebrandmeistern dargebracht wurde, bewogen, dieses Amt, das er seit 1945 umsichtig und verantwortungsbewußt geleitet hat, noch auszuüben, so lange es seine Gesundheitszustand erlaubt. Zu gegebener Zeit soll ihm jedoch ein jüngerer Kamerad, der dann einst das Erbe übernehmen wird, zur Einarbeitung zur Seite gestellt werden.

Obernkirchen kurz belichtet

Rd. 1800 Obernkirchner haben bisher einen neuen Personalausweis erhalten. Für einen Rest von noch zu erneuernden 1700 Ausweisen liegen die Formulare bereit.

„Der letzte Zeuge" heißt der Film, der am heutigen Abend den Filmfreunde im NT gespielt wird. Der Filmstreifen ist mit dem Prädikat „Besonders wertvoll" ausgezeichnet.

Die Mütterberatung durch das Staatliche Gesundheitsamt Rinteln findet an heutigen Dienstag um 15 Uhr in der Admiral-Scheer-Schule statt. Der zur Verfügung stehende Klassenraum ist geheizt.

Die neuen Sprechzeiten für den Publikumsverkehr an der Tür des Rathauses hat die Stadtverwaltung an der Tür des Rathauses anbringen lassen. Jeder kann sich mit einem Blick orientieren.

Abb. 36: Versammlung des Kreisfeuerwehrverbandes Grafschaft Schaumburg am 2. Februar 1963. Schaumburger Zeitung vom 5. Februar 1963.

Abb. 37: Ansichtskarte mit mehreren Motiven aus Rinteln, um 1975.

Neun Feuerwehren starteten in Nienburg

ank KREIS SCHAUMBURG. Auf den ersten Blick sind die Ergebnisse nicht gerade berauschend, auf den zweiten Blick können die Schaumburger Feuerwehren aber ganz zufrieden sein: Dafür, daß sie bei den Bezirkswettkämpfen gegen regelmäßig trainierende Wettkampfmannschaften antreten mußten, sind die neun in Nienburg angetretenen Wehren auf guten Plätzen gelandet.

Am vergangenen Wochenende durften die Sieger der Kreisfeuerwehrwettkämpfe aus Stadthagen in Nienburg an den Start gehen. In einem Konkurrenzfeld aus dem gesamten Bereich zwischen Hildesheim und Diepholz mußten sie sich behaupten. Immerhin: Es ging um die Teilnahme an den Landeswettbewerben, die im Juni 1993 in Hannover ausgetragen werden, wenn der Landesfeuerwehrverband seinen 125. Geburtstag feiert. Jeweils die acht Bestplazierten aus den Gruppen TS und LS werden in Hannover an den Start gehen.

Aus Schaumburg wird keine Mannschaft dabei sein, konnte Kreispressewart Matthias Blazek gestern vermelden. Hier die Ergebnisse: Gruppe TS: 17. Platz Schierneichen/Deinsen; 32. Seggebruch; 37. Bernsen und letzter in der Konkurrenz von 39 Teams wurde Rehren A.R. Gruppe LS: 12. Platz Hülsede/Meinsen; 25. Wiedenbrügge I; 26. Sachsenhagen; 27. Wiedenbrügge II; und 29. von 31 Mannschaften wurde Wölpinghausen.

Das große Problem für die Schaumburger Mannschaften war das Ausloseverfahren: Demnach entschied das Los darüber, wer in der Mannschaft welchen Posten zu besetzen hat. Eine Regel, die, so Matthias Blazek, im kommenden Jahr auch in Schaumburg eingeführt werden soll.

Abb. 38: Erfolge der Schaumburger Feuerwehren. Schaumburger Zeitung vom 8. September 1992.

Die Gemeinden des Landkreises Grafschaft Schaumburg:

(Stand von 1939 durchnummeriert)

1. Ahe:
(1927 Amtsgericht und Finanzamt Rinteln, Post Deckbergen)
277 Einwohner (1925)
293 Einwohner (1933)
302 Einwohner (1939)

2. Algestorf (Algesdorf):
(1927 Amtsgericht und Post Rodenberg, Finanzamt Rinteln)
378 Einwohner (1925)
352 Einwohner (1933)
360 Einwohner (1939)

3. Altenhagen:
(1927 Amtsgericht Obernkirchen, Post Hattendorf, Finanzamt Rinteln)
122 Einwohner (1925)
113 Einwohner (1933)
104 Einwohner (1939)

4. Antendorf:
(1927 Amtsgericht Obernkirchen, Post Hattendorf, Finanzamt Rinteln)
266 Einwohner (1925)
257 Einwohner (1933)
250 Einwohner (1939)

5. Apelern:
(1927 Amtsgericht Rodenberg, Post Apelern, Finanzamt Rinteln)
567 Einwohner (1925)
568 Einwohner (1933)
748 Einwohner (1939)

6. Auhagen:
(1927 Amtsgericht Rodenberg, Post Sachsenhagen, Finanzamt Rinteln)
541 Einwohner (1925)
554 Einwohner (1933)
558 Einwohner (1939)

7. Barksen:
(1927 Amtsgericht und Post Hessisch Oldendorf, Finanzamt Rinteln)
223 Einwohner (1925)
218 Einwohner (1933)
210 Einwohner (1939)

8. Beckedorf:
(1927 Amtsgericht Rodenberg, Post Lindhorst/Schaumburg-Lippe, Finanzamt Rinteln)
805 Einwohner (1925)
837 Einwohner (1933)
906 Einwohner (1939)

9. Bensen:
(1927 Amtsgericht und Post Hessisch Oldendorf, Finanzamt Rinteln)
334 Einwohner (1925)
326 Einwohner (1933)
299 Einwohner (1939)

10. Bernsen:
(1927 Amtsgericht Obernkirchen, Post Bernsen, Finanzamt Rinteln)
370 Einwohner (1925)
457 Einwohner (1933)
538 Einwohner (1939)

11. Borstel:
(1927 Amtsgericht Obernkirche, Post Bernsen, Finanzamt Rinteln)
524 Einwohner (1925)
506 Einwohner (1933)
676 Einwohner (1939)

12. Deckbergen:
(1927 Amtsgericht und Finanzamt Rinteln, Post Deckbergen)
534 Einwohner (1925)
603 Einwohner (1933)
613 Einwohner (1939)

13. Düdinghausen:
(1927 Amtsgericht Rodenberg, Post Hagenburg/Schaumburg-Lippe, Finanzamt Rinteln)
162 Einwohner (1925)
138 Einwohner (1933)
130 Einwohner (1939)

14. Engern:
(1927 Amtsgericht, Post und Finanzamt Rinteln)
709 Einwohner (1925)
796 Einwohner (1933)
769 Einwohner (1939)

15. Escher:
(1927 Amtsgericht Obernkirchen, Post Hattendorf, Finanzamt Rinteln)
351 Einwohner (1925)
330 Einwohner (1933)
358 Einwohner (1939)

16. Exten:
(1894 Kreis und Amtsgericht Rinteln, Post Exten;
1927 Amtsgericht und Finanzamt Rinteln, Post Exten;
Besonderheiten 1894: evangelische Pfarrkirche, Eisenwarenfabrik)
789 Einwohner (1885)
958 Einwohner (1925)
1.033 Einwohner (1933)
968 Einwohner (1939)

17. Fischbeck:
(1894 Kreis Rinteln, Amtsgericht Oldendorf, Post Fischbeck;
1927 Amtsgericht Hessisch Oldendorf, Post Fischbeck, Finanzamt Rinteln;
Besonderheiten 1894: evangelische Pfarrkirche, Fräuleinstift im ehemaligen Benediktinerkloster, Bahnhof der Linie Elze-Löhne der Preußischen Staatsbahn)
779 Einwohner (1885)
1.035 Einwohner (1925)
993 Einwohner (1933)
1.059 Einwohner (1939)

18. Friedrichsburg:
(1927 Amtsgericht Hessisch Oldendorf, Post Fuhlen, Finanzamt Rinteln)
113 Einwohner (1925)
105 Einwohner (1933)
101 Einwohner (1939)

19. Friedrichshagen:
(1927 Amtsgericht Hessisch Oldendorf, Post Fuhlen, Finanzamt Rinteln)
199 Einwohner (1925)
216 Einwohner (1933)
208 Einwohner (1939)

20. Friedrichswald:
(1927 Amtsgericht und Finanzamt Rinteln, Post Bremke/Lippe)
136 Einwohner (1925)
129 Einwohner (1933)
148 Einwohner (1939)

21. Fuhlen:
(1927 Amtsgericht Hessisch Oldendorf, Post Fuhlen, Finanzamt Rinteln)
486 Einwohner (1925)
478 Einwohner (1933)
472 Einwohner (1939)

22. Goldbeck:
(1927 Amtsgericht und Finanzamt Rinteln, Post Goldbeck)
626 Einwohner (1925)
552 Einwohner (1933)
533 Einwohner (1939)

23. Großenwieden:
(1927 Amtsgericht Hessisch Oldendorf, Post Großenwieden, Finanzamt Rinteln)
828 Einwohner (1925)
808 Einwohner (1933)
773 Einwohner (1939)

24. Groß Hegesdorf:
(1927 Amtsgericht und Post Rodenberg, Finanzamt Rinteln)
262 Einwohner (1933)
255 Einwohner (1939)

25. Haddessen:
(1927 Amtsgericht Hessisch Oldendorf, Post Fischbeck, Finanzamt Rinteln)
269 Einwohner (1925)
246 Einwohner (1933)
248 Einwohner (1939)

26. Haste:
(1927 Amtsgericht Rodenberg, Post Haste, Finanzamt Rinteln)
431 Einwohner (1925)
691 Einwohner (1933)
742 Einwohner (1939)

27. Hattendorf:
(1927 Amtsgericht Obernkirchen, Post Hattendorf, Finanzamt Rinteln)
375 Einwohner (1925)
376 Einwohner (1933)
409 Einwohner (1939)

28. Helsinghausen:
(1927 Amtsgericht Rodenberg, Post Haste, Finanzamt Rinteln)
248 Einwohner (1925)
238 Einwohner (1933)
233 Einwohner (1939)

29. Hessendorf:
(1927 Amtsgericht und Finanzamt Rinteln, Post Möllenbeck)
188 Einwohner (1925)
189 Einwohner (1933)
205 Einwohner (1939)

30. Hessisch-Oldendorf, Stadt (Oldendorf Bez. Kassel):
(1894 Kreis Rinteln, Amtsgericht und Post Oldendorf;
1927 Amtsgericht und Post Hessisch Oldendorf, Finanzamt Rinteln;
Besonderheiten 1894: Bahnhof der Linie Elze-Löhne der Preußischen Staatsbahn, Amtsgericht, Oberförsterei Revier Zersen, evangelische Pfarrkirche, alte Schlösser, Herstellung von Zigarren und Zucker, Lohgerberei. Geschichte: hier am 28. Juni 1633 Niederlage der Kaiserlichen)
1.688 Einwohner (1885), 2.099 Einwohner (1925),
2.264 Einwohner (1933), 2.498 Einwohner (1939),
17.974 Einwohner (1977)

31. Heßlingen:
(1927 Amtsgericht Hessisch Oldendorf, Post Fuhlen, Finanzamt Rinteln)
485 Einwohner (1925)
503 Einwohner (1933)
472 Einwohner (1939)

32. Höfingen:
(1927 Amtsgericht Hessisch Oldendorf, Post Fischbeck, Finanzamt Rinteln)
254 Einwohner (1933)
257 Einwohner (1939)

33. Hohenrode:
(1927 Amtsgericht, Post und Finanzamt Rinteln)
528 Einwohner (1925)
560 Einwohner (1933)
521 Einwohner (1939)

34. Hohnhorst:
(1927 Amtsgericht Rodenberg, Post Haste, Finanzamt Rinteln)
539 Einwohner (1925)
542 Einwohner (1933)
523 Einwohner (1939)

35. Horsten:
(1927 Amtsgericht Rodenberg, Post Bad Nenndorf, Finanzamt Rinteln)
334 Einwohner (1925)
310 Einwohner (1933)
304 Einwohner (1939)

36. Idensermoor-Niengraben:
(1927 Amtsgericht Rodenberg, Post Haste, Finanzamt Rinteln)
149 Einwohner (1925)
151 Einwohner (1933)
141 Einwohner (1939)

37. Kathrinhagen:
(1927 Amtsgericht Obernkirchen, Post Rehren, Finanzamt Rinteln)
562 Einwohner (1925)
546 Einwohner (1933)
583 Einwohner (1939)

38. Kleinenwieden:
(1927 Amtsgericht und Finanzamt Rinteln, Post Deckbergen)
157 Einwohner (1925)
129 Einwohner (1933)
120 Einwohner (1939)

39. Klein Hegesdorf:
(1927 Amtsgericht und Post Rodenberg, Finanzamt Rinteln)
132 Einwohner (1925)
134 Einwohner (1933)
138 Einwohner (1939)

40. Klein Holtensen:
(1927 Amtsgericht Obernkirchen, Post Hattendorf, Finanzamt Rinteln)
117 Einwohner (1925)
123 Einwohner (1933)
125 Einwohner (1939)

41. Kohlenstädt:
(1927 Amtsgericht und Finanzamt Rinteln, Post Deckbergen)
61 Einwohner (1925)
54 Einwohner (1933)
49 Einwohner (1939)

42. Krainhagen:
(1927 Amtsgericht und Post Obernkirchen, Finanzamt Rinteln)
605 Einwohner (1925)
735 Einwohner (1933)
731 Einwohner (1939)

43. Krankenhagen:
(1894 Kreis, Amtsgericht und Post Rinteln;
1927 Amtsgericht, Post und Finanzamt Rinteln)
778 Einwohner (1885)
966 Einwohner (1925)
1.001 Einwohner (1933)
936 Einwohner (1939)

44. Kreuzriehe:
(1927 Amtsgericht Rodenberg, Post
261 Einwohner (1925)
256 Einwohner (1933)
250 Einwohner (1939)

45. Krückeberg:
(1927 Amtsgericht und Post Hessisch Oldendorf, Finanzamt Rinteln)
168 Einwohner (1925)
153 Einwohner (1933)
147 Einwohner (1939)

46. Langenfeld:
(1927 Amtsgericht Hessisch Oldendorf, Post Hattendorf, Finanzamt Rinteln)
169 Einwohner (1925)
163 Einwohner (1933)
154 Einwohner (1939)

47. Liekwegen:
(1894 Kreis Rinteln, Amtsgericht Obernkirchen, Post Stadthagen;
1927 Amtsgericht Obernkirchen, Post Sülbeck, Finanzamt Rinteln)
723 Einwohner (1885)
1.036 Einwohner (1925)
1.020 Einwohner (1933)
956 Einwohner (1939)

48. Lyhren:
(1927 Amtsgericht Rodenberg, Post Apelern, Finanzamt Rinteln)
140 Einwohner (1925)
147 Einwohner (1933)
155 Einwohner (1939)

49. Möllenbeck:
(1927 Amtsgericht und Finanzamt Rinteln, Post Möllenbeck)
694 Einwohner (1925)
700 Einwohner (1933)
730 Einwohner (1939)

50. Nenndorf, Bad (Groß-Nenndorf):
(1894 Kreis Rinteln, Amtsgericht Rodenberg, Post Bad Nenndorf;
1927 Amtsgericht Rodenberg, Post Bad Nenndorf, Finanzamt Rinteln;
Besonderheiten 1894: Bahnhof der Linie Weetzen-Haste der Preußischen Staatsbahn, evangelische Pfarrkirche, besuchtes Bad mit 4 starken Schwefelquellen, Schlammbädern und einer Solquelle)
684 Einwohner (1885)
2.383 Einwohner (1933)
2.559 Einwohner (1939)

51. Obernkirchen, Stadt:
(1894 Kreis Rinteln, Amtsgericht und Post Obernkirchen;
1927 Amtsgericht und Post Obernkirchen, Finanzamt Rinteln;
Besonderheiten 1894: Amtsgericht, Bergamt für den Steinkohlenbergbau am Bückeberg, Oberförsterei, evangelische Pfarrkirche, Damenstift im ehemaligen Benediktinerkloster (815 von Ludwig dem Frommen gestiftet); in der waldreichen Umgebung Steinkohlengruben (Preußen und Schaumburg-Lippe gemeinschaftlich), sehr wichtige Sandsteinbrüche in der Wälderformation (Wealden), große Glashütten Schauenstein und Neuehütte)
3.151 Einwohner (1890), davon 134 Katholiken, 77 Juden
3.746 Einwohner (1925)
3.783 Einwohner (1933)
4.189 Einwohner (1939)
11.065 Einwohner (1977)

52. Ohndorf:
(1927 Amtsgericht Rodenberg, Post Haste, Finanzamt Rinteln)
426 Einwohner (1925)
393 Einwohner (1933)
393 Einwohner (1939)

53. Ottensen:
(1927 Amtsgericht Rodenberg, Post Lindhorst, Finanzamt Rinteln)
266 Einwohner (1925)
284 Einwohner (1933)
284 Einwohner (1939)

54. Pötzen:
(1927 Amtsgericht Hessisch Oldendorf, Post Fischbeck, Finanzamt Rinteln)
357 Einwohner (1925)
344 Einwohner (1933)
299 Einwohner (1939)

55. Poggenhagen:
(1927 Amtsgericht Obernkirchen, Post Rehren, Finanzamt Rinteln)
139 Einwohner (1925)
125 Einwohner (1933)
112 Einwohner (1939)

56. Raden:
(1927 Amtsgericht Hessisch Oldendorf, Post Hattendorf, Finanzamt Rinteln)
89 Einwohner (1925)
79 Einwohner (1933)
94 Einwohner (1939)

57. Rannenberg:
(1927 Amtsgericht Hessisch Oldendorf, Post Rehren, Finanzamt Rinteln)
180 Einwohner (1925)
203 Einwohner (1933)
189 Einwohner (1939)

58. Rehren, Amtsgerichtsbezirk Obernkirchen:
(1927 Amtsgericht Obernkirchen, Post Rehren, Finanzamt Rinteln)
500 Einwohner (1925)
494 Einwohner (1933)
479 Einwohner (1939)

59. Rehren, Amtsgerichtsbezirk Rodenberg:
(1927 Amtsgericht Rodenberg, Post Haste, Finanzamt Rinteln)
553 Einwohner (1925)
473 Einwohner (1933)
488 Einwohner (1939)

60. Reinsdorf:
(1927 Amtsgericht Rodenberg, Post Apelern)
301 Einwohner (1925)
289 Einwohner (1933)
295 Einwohner (1939)

61. Reinsen:
(1927 Amtsgericht Rodenberg, Post Stadthagen, Finanzamt Rinteln)
400 Einwohner (1925)
405 Einwohner (1933)
417 Einwohner (1939)

62. Riehe:
(1927 Amtsgericht Rodenberg, Post Bad Nenndorf, Finanzamt Rinteln)
336 Einwohner (1925)
351 Einwohner (1933)
361 Einwohner (1939)

63. Riepen:
(1927 Amtsgericht Rodenberg, Post Lindhorst, Finanzamt Rinteln)
425 Einwohner (1925)
402 Einwohner (1933)
415 Einwohner (1939)

64. Rinteln, Stadt:
(1894 Kreis, Amtsgericht und Post Rinteln;
1927 Amtsgericht, Post und Finanzamt Rinteln;
Besonderheiten 1894: Bahnhof der Linie Elze-Löhne der Preußischen Staatsbahn, Vorschussverein, Landratsamt, Amtsgericht, 2 lutherische Pfarrkirche, reformierte Pfarrkirche, katholische Kirche, Gymnasium, Landkrankenhaus, öffentliches Schlachthaus, Hafen, Zigarrenfabrik, Glasfabrik, Schifffahrt. Geschichte: Rinteln war früher Festung und besaß 1612 bis 1809 eine Universität)
4.045 Einwohner (1890), davon 240 Katholiken, 76 Juden
5.478 Einwohner (1925)
5.672 Einwohner (1933)
5.792 Einwohner (1939)
10.067 Einwohner (1950)
25.580 Einwohner (1977)
26.000 Einwohner (1980)
26.800 Einwohner (1990)

65. Rodenberg, Stadt:
(1894 Kreis Rinteln, Amtsgericht und Post Rodenberg;
1927 Amtsgericht und Post Rodenberg, Finanzamt Rinteln;
Besonderheiten 1894: Vorschussverein, Amtsgericht, evangelische Pfarrkirche, altes Schloss, Saline mit Solbad, Geburtsort des Dichters Julius Rodenberg (1831))
1.633 Einwohner (1885)
1.744 Einwohner (1925)
1.805 Einwohner (1933)
2.140 Einwohner (1939)

66. Röhrkasten:
(1927 Amtsgericht und Post Obernkirchen, Finanzamt Rinteln)
353 Einwohner (1925)
299 Einwohner (1933)
311 Einwohner (1939)

67. Rohden:
(1927 Amtsgericht und Post Hessisch Oldendorf, Finanzamt Rinteln)
490 Einwohner (1925)
501 Einwohner (1933)
483 Einwohner (1939)

68. Rolfshagen:
(1894 Kreis Rinteln, Amtsgericht und Post Obernkirchen;
1927 Amtsgericht Obernkirchen, Post Bernsen, Finanzamt Rinteln;
Besonderheiten 1894: Messerschmiederei)
693 Einwohner (1885)
949 Einwohner (1925)
1.018 Einwohner (1933)
1.034 Einwohner (1939)

69. Rumbeck:
(1927 Amtsgericht Hessisch Oldendorf, Post Fuhlen, Finanzamt Rinteln)
640 Einwohner (1925)
628 Einwohner (1933)
606 Einwohner (1939)

70. Saarbeck-Strücken:
(1927 Amtsgericht und Finanzamt Rinteln, Post Exten)
472 Einwohner (1933)
433 Einwohner (1939)

71. Sachsenhagen, Stadt:
(1894 Kreis Rinteln, Amtsgericht Rodenberg, Post Sachsenhagen;
1927 Amtsgericht Rodenberg, Post Sachsenhagen, Finanzamt Rinteln;
Besonderheiten 1894: Vorschussverein, Gerichtstag, evangelische Pfarrkirche,
Steinbrüche, Schlossruine)
840 Einwohner (1885)
901 Einwohner (1925)
970 Einwohner (1933)
1.089 Einwohner (1939)

72. Schaumburg:
627 Einwohner (1933)
671 Einwohner (1939)

73. Schermbeck:
52 Einwohner (1933)
71 Einwohner (1939)

74. Schöttlingen:
(1927 Amtsgericht Rodenberg, Post Lindhorst, Finanzamt Rinteln)
98 Einwohner (1925)
90 Einwohner (1933)
73 Einwohner (1939)

75. Schoholtensen:
(1927 Amtsgericht Obernkirchen, Post Rehren, Finanzamt Rinteln)
113 Einwohner (1925)
127 Einwohner (1933)
115 Einwohner (1939)

76. Segelhorst:
(1927 Post Hessisch Oldendorf, Finanzamt Rinteln)
391 Einwohner (1925)
369 Einwohner (1933)
310 Einwohner (1939)

77. Soldorf:
(1927 Amtsgericht und Post Rodenberg, Finanzamt Rinteln)
160 Einwohner (1925)
144 Einwohner (1933)
161 Einwohner (1939)

78. Todenmann:
(1927 Amtsgericht, Post und Finanzamt Rinteln)
607 Einwohner (1925)
691 Einwohner (1933)
723 Einwohner (1939)

79. Uchtdorf:
(1927 Amtsgericht und Finanzamt Rinteln, Post Exten)
453 Einwohner (1925)
519 Einwohner (1933)
477 Einwohner (1939)

80. Volksen:
(1927 Amtsgericht und Finanzamt Rinteln, Post Exten)
194 Einwohner (1925)
197 Einwohner (1933)
180 Einwohner (1939)

81. Waltringhausen:
(1927 Amtsgericht Rodenberg, Post Bad Nenndorf, Finanzamt Rinteln)
594 Einwohner (1925)
587 Einwohner (1933)
593 Einwohner (1939)

82. Weibeck:
(1927 Amtsgericht und Post Hessisch Oldendorf, Finanzamt Rinteln)
233 Einwohner (1925)
244 Einwohner (1933)
245 Einwohner (1939)

83. Welsede:
(1927 Amtsgericht und Post Hessisch Oldendorf, Finanzamt Rinteln)
557 Einwohner (1925)
549 Einwohner (1933)
517 Einwohner (1939)

84. Wennenkamp:
(1927 Amtsgericht und Finanzamt Rinteln, Post Bremke)
243 Einwohner (1925)
235 Einwohner (1933)
231 Einwohner (1939)

85. Westendorf:
(1927 Amtsgericht und Finanzamt Rinteln, Post Deckbergen)
277 Einwohner (1925)
302 Einwohner (1933)
275 Einwohner (1939)

86. Westerwald:
(1927 Amtsgericht Obernkirchen, Post Rehren, Finanzamt Rinteln)
78 Einwohner (1925)
84 Einwohner (1933)
77 Einwohner (1939)

87. Wickbolsen:
(1927 Amtsgericht und Post Hessisch Oldendorf, Finanzamt Rinteln)
125 Einwohner (1925)
117 Einwohner (1933)
105 Einwohner (1939)

88. Wiersen:
(1927 Amtsgericht Obernkirchen, Post Apelern, Finanzamt Rinteln)
144 Einwohner (1925)
130 Einwohner (1933)
372 Einwohner (1939)

89. Zersen:
(1927 Amtsgericht und Post Hessisch Oldendorf, Finanzamt Rinteln)
277 Einwohner (1925)
239 Einwohner (1933)
237 Einwohner (1939)

Quellen

Das Ortsbuch für das Deutsche Reich, hrsg. in Verbindung mit der Deutschen Reichsbahn und Deutschen Reichspost, Berlin 1927
Statistik des Deutschen Reichs, Band 401: Volks-, Berufs- und Betriebszählung vom 16. Juni 1925, Heft 1: Die Bevölkerung im Deutschen Reich nach den Ergebnissen der Volkszählung 1925, Teil I: Einführung in die Volkszählung 1925, Tabellenwerk, Berlin 1928
Statistik des Deutschen Reichs, Band 450: Amtliches Gemeindeverzeichnis für das Deutsche Reich, Berlin 1939

Die Angaben zu den 89 Orten der Grafschaft Schaumburg sind mit freundlicher Genehmigung entnommen aus: www.verwaltungsgeschichte.de – Homepage Deutsche Verwaltungsgeschichte 1871–1990 von Dr. Michael Rademacher M.A. Die Einsicht wird besonders empfohlen.

Abb. 39: Die Grafschaft Schaumburg. Nach Walter Maack, Schaumburger Zeitung.

Landräte der Grafschaft und des Landkreises Schaumburg

1781–1788 Wilhelm Werner Heinrich von Münchhausen (1715–1788)
Georg Alexander Ludwig v. Ditfurth (1742–1815)
1822–1836 Johann Wilhelm Gideon Schwarzenberg
1837 Adrian von Specht (1807–1878)
1837–1844 Heinrich von Loßberg (1808–1886)
1845–1851 Carl Friedrich von Stiernberg (1806–1891)
1868–1895 Carl Kröger (1824–1897)
1895–1917 Hans v. Ditfurth (1862–1917)
1917–1934 Dr. Erich Moewes (1875–1951)
1934–1944 Oskar Funk (1896–1963)
1944–1945 Dr. Wolfgang Streit (vertretungsweise)
1945–1946 Werner Pollack (1886–1979)
1946–1956 Heinrich Friedrich Busche (1885–1959)
1956–1975 Karl Ebeling (1911–1978)
1975–1981 Ernst-August Kranz (1919–2003)
1981–1986 Heiner Schoof (1924–1998)
1986–1998 Werner Vehling (* 1941)
1998–2011 Heinz-Gerhard Schöttelndreier (* 1943)
ab 2011 Jörg Farr (* 1962)

Quellen

Hans Weimann, Reportage: Machtkämpfe um die Schaumburger Identität, *www.schaumburger-zeitung.de*, Artikel vom 08.10.2010
Niedersächsisches Jahrbuch für Landesgeschichte, Band 62, Hannover 1990

---

10. und 11. September 1966

6. Heimatkreistreffen des Kreises Groß Wartenberg
10 Jahre Patenschaft
Landkreis Grafschaft Schaumburg – Kreis Groß Wartenberg

Abb. 40: Am 10. und 11. September 1966 fand in Rinteln das Heimatkreistreffen statt. Die Eröffnungsansprache hielten am 10. September Landrat Karl Ebeling und Rintelns Bürgermeister Ernst Weltner. Festredner war der 1907 in Groß Wartenberg geborene und jetzt in München lebende Carl Prinz Biron von Curland. Groß Wartenberger Heimatblatt, Jahrgang 9/ Nr. 8, August 1966.

Die Provinzial- und Kreishauptstädte sind darin besonders bezeichnet.*)

Namen der Städte	Bevölkerung im Jahre		
	1849	1855	1861
1) Cassel	35,794	36,849	38,930
2) Hanau	16,690	15,255	16,583
3) Fulda	9,937	9,517	9,339
4) Marburg	8,428	8,150	7,689
5) Eschwege	6,164	6,462	6,969
6) Hersfeld	6,365	5,890	5,972
7) Schmalkalden	5,477	5,252	5,367
8) Bockenheim	4,002	4,277	4,961
9) Hofgeismar	3,881	3,606	3,718
10) Melsungen	3,810	3,458	3,553
11) Homberg	3,737	3,550	3,529
12) Gelnhausen	3,876	3,584	3,526
13) Rinteln	3,377	3,171	3,255
14) Rotenburg	3,738	3,391	3,098
15) Witzenhausen	3,370	3,174	3,098
16) Allendorf	3,118	3,028	3,061
17) Wolfhagen	3,199	3,045	3,058
18) Fritzlar	3,249	3,072	2,891
19) Frankenberg	3,251	2,919	2,728
20) Volkmarsen	2,923	2,770	2,741
21) Grebenstein	2,605	2,689	2,610
22) Treysa	2,902	2,541	2,507
23) Großallmerode	2,322	2,319	2,442
24) Steinau	2,564	2,258	2,231
25) Nauheim	1,649	1,888	2,209
26) Schluechtern	2,230	2,166	2,133
27) Obernkirchen	1,947	2,083	2,100
28) Wanfried	1,933	2,038	2,023
29) Neustadt	2,023	2,015	2,020
30) Gudensberg	2,102	2,065	2,010
31) Rodenberg	2,033	1,850	1,946
32) Neukirchen	2,041	1,906	1,840
33) Spangenberg	2,094	1,929	1,837
34) Huenfeld	2,153	2,054	1,819
35) Carlshafen	1,781	1,800	1,799
36) Zierenberg	1,714	1,784	1,798
37) Kirchhain	1,901	1,796	1,752
38) Sontra	1,776	1,681	1,673
39) Naumburg	1,763	1,684	1,665
40) Windecken	1,720	1,599	1,569
41) Ziegenhain	1,929	1,985	1,519
42) Rauschenberg	1,515	1,584	1,503
43) Salmuenster	1,552	1,463	1,452
44) Lichtenau	1,504	1,459	1,448
45) Borken	1,439	1,431	1,432
46) Immenhausen	1,692	1,496	1,398
47) Gemuenden	1,480	1,376	1,394
48) Oldendorf	1,334	1,298	1,324
49) Rosenthal	1,503	1,391	1,316
50) Helmarshausen	1,346	1,262	1,300
51) Wetter	1,326	1,237	1,188
52) Felsberg	1,290	1,160	1,099
53) Amöneburg	1,226	1,141	1,092
54) Waldkappel	1,263	1,059	1,086
55) Frankenau	988	1,067	1,076
56) Wächtersbach	1,231	1,075	1,052
57) Sooden	1,017	1,018	1,033
58) Schwarzenborn	1,017	942	975
59) Schweinsberg	1,022	1,021	958
60) Trendelburg	983	913	848
61) Sachsenhagen	713	705	705
62) Niedenstein	726	672	643
63) Liebenau	655	662	642
Zusammen	204,180	197,972	200,519

Abb. 41: Deutsche Gemeinde-Zeitung vom 25. Juli 1863, Seite 355, mit den Einwohnerzahlen der Städte Rinteln, Obernkirchen, Rodenberg, Oldendorf und Sachsenhagen.

Ortsregister

Ort (nur Grafschaft Schaumburg)	Seite
Algesdorf	121
Antendorf	121
Apelern	8, 10, 29, 121, 127, 129, 134
Auhagen	36, 49, 68 ff., 76 f., 102 f., 121
Beckedorf	41, 49, 103, 106, 122
Deckbergen	65, 98, 121 f., 126, 133
Düdinghausen	10 f., 36, 49, 77, 104, 112, 117, 122
Escher	123
Exten	45, 65 f., 97, 123, 131 f.
Fischbeck	8, 20, 42 f., 123 ff.
Fuhlen	8, 20 f., 123 ff.
Großenwieden (Gr. Wieden)	9, 66 f., 97, 103 f., 124
Grove	23, 29, 40, 44 f., 87, 108 f.
Hattendorf	122, 124 f., 127 f., 130
Hesslingen	126
Hohnhorst	45, 50, 83 f., 107, 116, 126
Hohenrode	65, 98, 126
Horsten	126
Kathrinhagen	127
Kl. Holtensen	127
Kl. Wieden	97, 103 f., 126
Kreuzriehe	106, 127
Krückeberg	37, 103, 127
Möllenbeck	9, 20, 40 ff., 85, 97, 104, 127
Nenndorf	41 ff., 50, 77 ff., 102, 112, 128
Obernkirchen	8 ff., 15 f., 19 f., 36, 42 f., 66 f.
Oldendorf	20 f., 28, 31, 36 f., 42, 65, 82, 104
Pötzen	37, 128
Rehren	45, 50, 82, 105 ff., 111, 115, 129
Riepen	50, 106, 130
Rinteln	8, 11 f., 14 f., 20 ff., 24 f., 36 ff.
Rodenberg	13 f., 23, 25 f., 36 ff., 43 ff., 80
Rohden	131
Rumbeck	97, 131
Sachsenhagen	13 f., 18, 26 ff., 36 f., 40 ff., 49
Schaumburg	131
Schermbeck	8 f., 97, 131
Segelhorst	31, 132
Volksen	97 f., 132
Weibeck	9, 133
Wennenkamp	133
Wiersen	111, 134

Personenregister

Name	Seite
Amalie Elisabeth von Hessen-Kassel	31, 35, 36
Hedwig von Hessen-Kassel	28, 35
Moritz von Hessen-Kassel	33
Adolf XIV. von Holstein-Schaumburg	19 f., 27
Elisabeth von Holstein-Schaumburg	35
Ernst von Holstein-Schaumburg	22, 27
Otto IV. von Holstein-Schaumburg	16, 23, 25 f.
Otto V. von Holstein-Schaumburg	25, 32 ff.
Simon Apolant	79
Johan Banér	32
Heinrich Bergmann	44
Heinrich von Bode	25
Paul Joachim von Bülau	36 f.
Christian von Hessen	32 ff.
Michael Conrad Curtius	42
Rudolf Feige	14, 26, 51
Friedrich III. (Kaiser des Heil. Röm. Reiches)	25
Oskar Funk	109, 135
Georg von Braunschweig-Lüneburg	31 f.
Hermann Goehausen	24
Nikolaus von Goldacker	16
Jean Baptiste Budes de Guébriant	32
Martin Heinrich Heckmann	79
Jérôme Bonaparte	46 ff., 65
Juliane von Nassau-Dillenburg	33
Heinrich Langerbeck	32
Pierre Alexandre Le Camus	50
Justus Linden	36
Hermann von Mengersen d. Ä.	26
Ludolph von Münchhausen	16
Ludwig Nohl	47
Anton (Anthon, Anthonius) Nothold	16 ff., 23, 29
Ferdinand Pfister	25
Cyriacus Spangenberg	12, 15
Friedrich Spee	24
Friedrich Wilhelm Stümbke	67 ff.
Lennart Torstensson	32
Joachim Wecke	36 f.
Heinrich Julius von Wietersheim	29, 31
Peter Adolph Winkopp	50
Carl Gustaf Wrangel	32
Johann Graf von Sayn-Wittgenstein	32

Sachregister

Gegenstand	Seite
Autobahn	101 f.
Dreißigjähriger Krieg	26, 29, 32
Eisenbahn	54 ff.
Feuersbrunst	15, 29, 45, 74, 90 f.
Feuerwehrwesen	78 ff., 84 f., 92 ff.
Fleckenrechte	14, 28 ff.
Franzosenzeit, Fremdherrschaft	46 ff.
Gerichtsbarkeit	26, 42, 47
Hexenprozesse, -verfolgung	21 ff.
Hildesheimer Gastmahl oder Bankett	32 ff.
Hinrichtung	23 ff., 39, 66 f.
Judenverfolgung	107 ff.
Kurfürstliche Regierungskommission	78, 97
Landrat	8, 58, 135
Mittellandkanal	99 ff.
Nationalsozialismus	107 ff.
Stadtrechte	11, 67
Türkenschatz, Türkensteuer	25 f.
Wasserburg	13
Westfälischer Friede	38 f.

Abbildungsverzeichnis

Abb. 1:   Stadtarchiv Rinteln, Urkundensammlung 1
Abb. 2:   Kupferstich von Matthäus Merian dem Älteren (1593–1650)
Abb. 3:   Foto von Theodor Beckmann
Abb. 4:   Foto von Theodor Beckmann
Abb. 5:   Holzschnitt, Nürnberg 1555
Abb. 6:   Foto von Theodor Beckmann
Abb. 7:   anonymes Flublatt von 1648
Abb. 8:   Steinhuder Meerblick vom 2. November 1994
Abb. 9:   Kupferstich nach Napoleon I, Band 2, 1902
Abb. 10:   Ansichtsexemplar im Niedersächsischen Landesarchiv
Abb. 11:   Reproduktion von Matthias Blazek
Abb. 12:   kolorierter Stich, mit freundlicher Genehmigung der DB Regio AG
Abb. 13:   Reproduktion von Matthias Blazek
Abb. 14:   digitales Archiv Matthias Blazek
Abb. 15:   Reproduktion von Matthias Blazek
Abb. 16:   Ansichtskarte Sammlung Matthias Blazek
Abb. 17:   Archiv der Ortsfeuerwehr Bad Nenndorf
Abb. 18:   entnommen aus: Blazek, Feuerwehrwesen im LK SHG, 2002, S. 44
Abb. 19:   Reproduktion von Matthias Blazek
Abb. 20:   entnommen aus: Blazek, Feuerwehrwesen im LK SHG, 2002, S. 8
Abb. 21:   entnommen aus: Blazek, Feuerwehrwesen im LK SHG, 2002, S. 35
Abb. 22:   Abbildung in der Festschrift zum 100-jährigen Jubiläum, 1989
Abb. 23:   Sammlung Matthias Blazek
Abb. 24:   digitales Archiv Matthias Blazek
Abb. 25:   digitales Archiv Matthias Blazek
Abb. 26:   Webseite der Ortsfeuerwehr Rannenberg
Abb. 27:   Heimatverein Sachsenhagen-Auhagen e.V.
Abb. 28:   Sammlung Matthias Blazek
Abb. 29:   Heimatverein Sachsenhagen-Auhagen e.V.
Abb. 30:   Heimatverein Sachsenhagen-Auhagen e.V.
Abb. 31:   Ansichtskarte Sammlung Matthias Blazek
Abb. 32:   Ansichtskarte Sammlung Matthias Blazek
Abb. 33:   Heimatverein Sachsenhagen-Auhagen e.V.
Abb. 34:   Sammlung Matthias Blazek
Abb. 35:   Ansichtskarte Sammlung Matthias Blazek
Abb. 36:   Sammlung Matthias Blazek
Abb. 37:   Ansichtskarte Sammlung Matthias Blazek
Abb. 38:   Sammlung Matthias Blazek
Abb. 39:   digitales Archiv Matthias Blazek
Abb. 40:   digitales Archiv Matthias Blazek
Abb. 41:   Reproduktion von Matthias Blazek

Danke!

Der Verfasser bedankt sich herzlich bei folgenden Personen für die Unterstützung:

Anne und Theodor Beckmann, Heimatverein Sachsenhagen-Auhagen e.V.

Dr. Stefan Brüdermann, Vorsitzender der Historischen Arbeitsgemeinschaft für Schaumburg

Franz Güldenberg, Vorsitzender des MTV Obernkirchen

Dr. Stefan Meyer, Stadtarchiv Rinteln

Walter Münstermann, Redaktionsleiter des Schaumburger Wochenblatts (†)

Thomas Schweer, Ortsbrandmeister der Ortsfeuerwehr Bad Nenndorf

Landrat a.D. Werner Vehling

Annette Wehmeyer, Büro des Landrats, Stadthagen

Dr. Hendrik Weingarten, Niedersächsisches Staatsarchiv Bückeburg

DER VERFASSER

Matthias Blazek

Heimatkundler.

Veröffentlichungen:

Dörfer im Schatten der Müggenburg, 1997.
L'Histoire des Sapeurs-Pompiers de Fontainebleau, 1999.
Ahnsbeck, 2003.
75 Jahre Sportverein Nienhagen von 1928 e.V., 2003.
Dorfgeschichte Wiedenrode, 2004.
Die Geschichte der Bezirksregierung Hannover im Spiegel der Verwaltungsreformen, 2004.
Dorfchronik Nienhof, 2005.
Schillerslage, 2005.
75 Jahre Ortsfeuerwehr Wienhausen, 2005.
Hexenprozesse – Galgenberge – Hinrichtungen – Kriminaljustiz im Fürstentum Lüneburg und im Königreich Hannover, 2006.
Das niedersächsische Bandkompendium 1963–2003, 2006.
Das Löschwesen im Bereich des ehemaligen Fürstentums Lüneburg von den Anfängen bis 1900, 2006.
Das Kurfürstentum Hannover und die Jahre der Fremdherrschaft 1803–1813, 2007.
75 Jahre Niedersächsische Landesfeuerwehrschule Celle 1931–2006, 2007.
Celle – Neu entdeckt, 2007.
Geschichten und Ereignisse um die Celler Neustadt, 2008.
Die Hinrichtungsstätte des Amtes Meinersen, 2008.
Haarmann und Grans – Der Fall, die Beteiligten und die Presseberichterstattung, 2009.
Carl Großmann und Friedrich Schumann – Zwei Serienmörder in den zwanziger Jahren, 2009.
Helmerkamp – unser Dorf, 2009.
Unter dem Hakenkreuz: Die deutschen Feuerwehren 1933–1945, 2009.
Wathlingen – Geschichte eines niedersächsischen Dorfes, Band 3, 2009.
100 Jahre Musikzug der Freiwilligen Feuerwehr Eldingen 1910–2010, 2010.
Scharfrichter in Preußen und im Deutschen Reich 1866–1945, 2010.
Die Geschichte des Feuerwehrwesens im Landkreis Celle, 2010.
Im Schatten des Klosters Wienhausen – Dörfliche Entstehung und Entwicklung im Flotwedel, ausgeführt und erläutert am Beispiel der Ortschaften Bockelskamp und Flackenhorst, 2010.
Die Geschichte der Grund- und Hauptschule Neustadt 1885–2010, 2010.
40 Jahre Kindergarten in Großmoor, 2010.
Die Anfänge des Celler Landgestüts und des Celler Zuchthauses sowie weiterer Einrichtungen im Kurfürstentum und Königreich Hannover 1692–1866, 2011.

Zahlreiche weitere Aufsätze und Quellenveröffentlichungen zur niedersächsischen Landesgeschichte.

Im Buch verwendete Abkürzungen

Aufl.	Auflage
Bd.	Band
Bearb.	Bearbeiter
d. Ä.	der Ältere
Dep.	Depositum
e.V.	eingetragener Verein
f.	folgend
ff.	folgende
Fr. Fw.	Freiwillige Feuerwehren
H.	Heusinger
Heil. Röm.	Heiligen Römischen (Reiches)
HJ	Hitlerjugend
hrsg.	herausgegeben
Nds. HptStA	Niedersächsisches Landesarchiv (Hannover)
Nr.	Nummer
Repr.	Reproduct
S.	Seite
SS	Schutzstaffel (der NSDAP)
Thlr.	Thaler, Taler
Urk.	Urkunde
v.	vom
vgl.	vergleiche
Wirkl. Geh.-Rat	Wirklicher Geheimer-Rat
z.B.	zum Beispiel

Matthias Blazek

Im Schatten des Klosters Wienhausen

Dörfliche Entstehung und Entwicklung im Flotwedel,
ausgeführt und erläutert am Beispiel
der Ortschaften Bockelskamp und Flackenhorst

ISBN 978-3-8382-0157-3
154 S., Paperback, € 15,90

Erhältlich in jeder Buchhandlung
oder direkt bei

ibidem

Bockelskamp und Flackenhorst finden sich als vereinzelt liegende Ortsteile der Gemeinde Wienhausen zwischen der Bundesstraße 214 und der Aller in der Nähe von Celle.

Matthias Blazek beschreibt in seinem Werk anschaulich und auf Grundlage zahlreicher historischer Urkunden die Entwicklung der beiden Ortschaften, die erstmals 1233 urkundlich erwähnt wurden – nämlich in den Akten des Klosters Wienhausen, in dessen wirtschaftlichem und sozialen Umfeld sie sich bereits damals befanden, was auch und gerade in der Jahrhunderte währenden Abgabenpflicht gegenüber dem Kloster manifest wird.

In der Geschichte der in Hinblick auf die Anzahl der Einwohner über die Jahrhunderte ungewöhnlich stabilen Ortschaften finden sich interessante Fakten, erstaunliche Anekdoten und bemerkenswerte Beispiele für Bürgersinn – wie er sich zum Beispiel in der Schulgründung der renitenten Flackenhorster zeigt, die trotz eines ablehnenden Bescheids 1699 kurzentschlossen ihre eigene Schule für die damals 14 Schulkinder gründeten.

Der Journalist und Historiker Matthias Blazek versteht es wie kein Zweiter, den Leser mit lebendig, spannend und zugleich authentisch vorgetragener Regionalhistoriographie in seinen Bann zu schlagen. Durch die Einbettung in die größere politische und wirtschaftliche Entwicklung wird die Regionalentwicklung auch zum Spiegel eines Teils der Geschichte Mitteleuropas. – "Wer nicht weiß, woher er kommt, der weiß auch nicht, wohin er geht!"

Matthias Blazek

Die Geschichte des Feuerwehrwesens im Landkreis Celle

Ausgeführt und erläutert am Beispiel der 1910 gegründeten Ortsfeuerwehr Beedenbostel

ISBN 978-3-8382-0147-4
154 S., Paperback, € 15,90

Erhältlich in jeder Buchhandlung oder direkt bei

ibidem

1905 legte eine Feuersbrunst in Beedenbostel 15 Wohngebäude in Schutt und Asche. Sie machte den Einwohnern bewusst, dass ihnen gegen ein einmal außer Kontrolle geratenes Feuer nur völlig unzureichende Maßnahmen und Ressourcen zur Verfügung standen – ein paar Dutzend lederne Wassereimer, Feuerhaken und Leitern sowie die wohlgemeinte Hilfe aller Anwohner waren zur Eindämmung und Löschung von Großbränden nicht mehr ausreichend.

Matthias Blazeks Buch über die Geschichte des Feuerwehrwesens im Landkreis Celle, ausgeführt und erläutert am Beispiel der Ortsfeuerwehr Beedenbostel, schließt erneut eine Lücke in der regionalkundlichen Geschichtsschreibung. Blazek präsentiert anschaulich 100 Jahre Feuerwehrgeschichte und Feuerlöschwesen in der Region und setzt sich dabei mit der besonderen Rolle Beedenbostels in Bezug auf das Feuerlöschwesen in vergangenen Zeiten auseinander, so dass das Buch auch einen Gutteil Beedenbosteler Ortsgeschichte widerspiegelt. Am Schluss des Werkes hilft ein Ortsregister dem interessierten Leser bei der Recherche.

Blazek legt ein neues Standardwerk für Feuerwehr-Historiker und aktive Feuerwehrmänner der Region vor, welches das vorhandene Schrifttum über das Feuerwehrwesen im Landkreis Celle informativ und sinnvoll ergänzt.

Matthias Blazek

Scharfrichter in Preußen und im Deutschen Reich 1866 - 1945

ISBN 978-3-8382-0107-8
154 S., Paperback, € 15,90

Erhältlich in jeder Buchhandlung
oder direkt bei

ibidem

Die Scharfrichter in Preußen und im Deutschen Reich sind ein bislang von der Geschichtswissenschaft weitgehend ausgesparter Bereich. Nachkommen lassen sich allerorten recherchieren; lediglich die ganz prominenten Gestalten, die zum Tode verurteilte Menschen hinrichteten, scheinen, was die familiären Verhältnisse anbetrifft, nicht greifbar zu sein.

Die weithin verbreitete Ansicht, Scharfrichter und ihre Familien hätten eine Außenseiterrolle gespielt, stellt sich bei näherer Betrachtung als nicht zutreffend heraus. Es erscheint vielmehr ein völlig neues Bild dieser Gruppe vermeintlicher gesellschaftlicher Außenseiter, die - wenigstens seit Beginn des 19. Jahrhunderts - sehr wohl Zugang zum bürgerlichen Leben hatte.

Und während der Scharfrichter bis 1933 vorwiegend Mörder hinzurichten hatte, waren es ab dem Zeitpunkt der nationalsozialistischen Machtergreifung in immer weiter zunehmendem Umfang Menschen, die dem Regime bedrohlich schienen, Menschen, die in Zeiten von nationalsozialistischer Diktatur und staatlich vorgegebener Fremdenfeindlichkeit dennoch ihre Meinung sagten. Hier tauchen am Ende unvorstellbar hohe Zahlen von hingerichteten Personen auf, insbesondere in der Strafanstalt Berlin-Plötzensee. Vor den schieren Zahlen droht der Umstand zu verschwimmen, dass jeder einzelne hingerichtete Mensch Opfer der nationalsozialistischen Gewaltherrschaft wurde und seine staatlich angeordnete Ermordung mit einem tragischen persönlichen Schicksal verknüpft ist.

Spätestens seit 1937 traten in Deutschland die meisten Scharfrichter als anonyme Personen auf, über deren Tätigkeit in der Öffentlichkeit nahezu nichts bekannt war. Nach außen hin waren sie Justizangestellte, ihre Gehilfen Justizhelfer. Selbst Decknamen wurden vergeben.

Dieser Deckmantel der Anonymität hat zur Folge, dass nur wenig über ihr Leben und ihr grausames Wirken im Staatsdienst bekannt beziehungsweise überliefert ist. Lediglich der justizbehördliche Schriftverkehr liegt noch in den Landesarchiven und im Bundesarchiv Berlin vor. Selbst von den vollzogenen Hinrichtungen zeugen nur relativ selten Notizen in den Tageszeitungen. Die Scharfrichter wurden von den Nationalsozialisten stets genau instruiert, über ihre Arbeit „strengstes Stillschweigen" zu bewahren.

Der Journalist Matthias Blazek, Jahrgang 1966, legt erneut ein Buch zu einem bislang wenig im Augenschein der Öffentlichkeit stehenden Thema vor, das nichtsdestotrotz große Beachtung verdient hat. Die von ihm in mühevollen Detailrecherchen ausgegrabenen Fakten ergeben ein aufschlussreiches – und mitunter schockierendes – Bild der Scharfrichter in Preußen und im Deutschen Reich von 1866 bis 1945.

Matthias Blazek

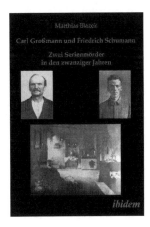

Carl Großmann und Friedrich Schumann

Zwei Serienmörder in den zwanziger Jahren

ISBN 978-3-8382-0027-9

152 S., Paperback, € 15,90

Erhältlich in jeder Buchhandlung oder direkt bei

ibidem

Der Serienmörder ist ein Medienphänomen des 20. Jahrhunderts. Als Serienmörder werden Menschen bezeichnet, die mit zeitlichem Abstand drei oder mehr Menschen ermordet haben.

Seit den zwanziger Jahren des 20. Jahrhunderts hat es in Deutschland zahlreiche Serienmorde gegeben. Berichte über Mordtaten waren geeignet, in der Bevölkerung Entsetzen über den sittlichen Verfall der Nation hervorzurufen. Bemerkenswert ist die relativ große Anzahl von Serienmördern, die, insbesondere zu Beginn der Weimarer Republik, in der Zeit nach dem Ersten Weltkrieg auftrat.

Friedrich Schumann (1893-1921) kann man als ersten Serienmörder der Neuzeit in Deutschland bezeichnen. Inzwischen ist er fast völlig in Vergessenheit geraten. Sein Spitzname: „Der Massenmörder vom Falkenhagener See". Sein Wirkungsort: das heutige Falkensee. Schumann wurde am 27. August 1921 im Strafgefängnis Plötzensee enthauptet.

Carl Großmann (1863-1922), ein sexueller Sadist wie aus dem Lehrbuch, wird als die Bestie vom Schlesischen Bahnhof bezeichnet. Fast ein Jahr lang tauchte sein Name in den Gazetten auf, fast ein Jahr lang versuchten die Behörden, Licht in das Dunkel um Großmanns Verbrechen zu bringen. Hingebungsvoll war Carl Großmann angeblich nur zu seinem Zeisig – sein innigster Wunsch soll die Anschaffung dieses Vogels gewesen sein. Großmann wurde des Mordes in drei Fällen überführt, er erhängte sich vor dem Ende der Hauptverhandlung am 5. Juli 1922. Zu diesem Fall wertete Matthias Blazek die komplette Akte aus dem Landesarchiv Berlin aus.

Beide Fälle werden in diesem Band erstmals ausführlich dargestellt. Matthias Blazek legt dabei bislang unveröffentlichte Fotos sowie neue Erkenntnisse aus der Auswertung zuvor unbeachteter Quellen vor. Ergänzend fügt Blazek am Schluss noch eine kurze Darstellung der 'Denke-Affäre' hinzu. Der Serienmörder und Kannibale Karl Denke ermordete zwischen 1903 und 1924 in Münsterberg in Schlesien mindestens 31 Menschen und entzog sich am 22. Dezember 1924 der Justiz durch Selbstmord.

Matthias Blazek

Haarmann und Grans

Der Fall, die Beteiligten und die Presseberichterstattung

ISBN 978-3-89821-967-9

152 S., Paperback, € 15,90

Erhältlich in jeder Buchhandlung oder direkt bei

ibidem

Es war das Top-Thema in der Presse: Am 23. Juni 1924 wurde der Serienmörder Friedrich „Fritz" Haarmann in Hannover verhaftet. Er hatte seit 1918 nachweislich 24 junge Männer ermordet.
Der als Polizeispitzel und Detektiv arbeitende Kaufmann war zwar geständig, bekannte sich aber nur zu 21 Morden und bestritt den Vorwurf, Teile der Leichen der Ermordeten verspeist zu haben. Seine Opfer lernte Haarmann im Bahnhofsmilieu kennen. Nachdem er sie in seine Wohnung gelockt hatte, durchbiss er ihnen die Kehle oder erwürgte sie.
Haarmann war den Behörden zwar schon seit 1918 als Triebtäter bekannt, er konnte jedoch erst 1924 nach dem Fund mehrerer menschlicher Schädel in der Leine und durch den Einsatz von Kriminalinspektor Hermann Lange festgenommen werden. Der Fall um Haarmann wurde zum aufsehenerregendsten Kriminalfall seiner Zeit. Die genaue Zahl seiner Opfer konnte nie ermittelt werden, da Haarmann im Größenwahn und mit dem Ziel, den Ermittlern zu gefallen, auch Morde gestand, die er nie begangen hatte. Der Psychiater Ernst Schultze, der vor Haarmanns Hinrichtung am 15. April 1925 mehrere Wochen lang Gespräche mit ihm führte, schloss jedoch eine psychische Erkrankung aus.
Matthias Blazek setzt neue Schwerpunkte in der Betrachtung des Falles Haarmann. Hier stehen weniger die Vorgeschichte und die Taten im Vordergrund als die Ereignisse seit Haarmanns Festsetzung. Zudem wertet Blazek erstmals den kompletten Presserummel um den „Werwolf von Hannover" aus.
Bislang unveröffentlichte Fotos sowie neue Erkenntnisse und Quellen werden angeführt, und auch bislang wenig beachtete Randnotizen werden einer Betrachtung unterzogen. Als Beispiel seien die Hintergründe zum Scharfrichter Carl Gröpler genannt, der die Fallschwertmaschine bediente, mit der Haarmann hingerichtet wurde, sowie der Aufenthalt Haarmanns in der Gefangenenarbeitsstelle Jägerheide bei Celle, die verwandtschaftlichen Beziehungen Haarmanns und der Wiederaufnahmeprozess gegen Grans. Bisher in der Literatur widersprüchlich dargestellte Informationen werden nun auf Quellen basierend aufgearbeitet.

Matthias Blazek

Unter dem Hakenkreuz

Die deutschen Feuerwehren 1933-1945

ISBN 978-3-89821-997-6
154 S., Paperback, € 15,90

Erhältlich in jeder Buchhandlung
oder direkt bei

ibidem

In diesem Werk wendet sich der Journalist und Historiker Matthias Blazek der Geschichte des Feuerwehrwesens in Deutschland zu, und zwar speziell in den Jahren der nationalsozialistischen Herrschaft 1933-1945. Mit der Machtergreifung der Nationalsozialisten startete die Gleichschaltung der Behörden und Einrichtungen. Ein erster Schritt, die Feuerwehren einzugliedern, war das preußische Feuerlöschgesetz von 1933. Die Feuerwehren unterstanden nun nicht mehr der gemeindlichen Aufsicht, sondern den Polizeiaufsichtsbehörden. In den folgenden Jahren wurde das Gesetz auf das gesamte Reich übertragen. Demokratisch denkende Führungskräfte wurden sukzessive gegen Parteitreue ausgetauscht. Einheitliche Satzungen bildeten die Rechtsgrundlage, die keine Ausnahmen mehr zuließ. Gegen Ende des Zweiten Weltkriegs wurden die freiwilligen Feuerwehren Deutschlands dem SS-Strafgesetz von Heinrich Himmler unterstellt. Matthias Blazek gelingt es in seiner Studie, die wohl schwerste Zeit für die freiwilligen Feuerwehren Deutschlands differenziert zu betrachten. Der Leser erfährt, dass für die jüdischen Mitbürger kein Platz mehr war unter den Freiwilligen der Feuerwehren.
Auch die großen Bombardements, denen Deutschland ab 1940 ausgesetzt war, werden aus Feuerwehrsicht thematisiert. Beispiele aus zahlreichen Ortsfeuerwehren machen die sachliche Analyse anschaulich. Am Ende helfen Orts- und Personenregister dem Forscher auf der Suche nach Fakten.

Dem Journalisten Matthias Blazek, Jahrgang 1966, ist mit diesem Buch ein besonderes Werk gelungen, das das vorhandene Schrifttum über das deutsche Feuerwehrwesen sinnvoll ergänzt. Ein Muss nicht nur für den Feuerwehr-Historiker und aktiven Feuerwehrmann. Dieses Buch spiegelt auch ein Gutteil deutsche Geschichte wider und zeigt auf, wie wichtig die Güter Demokratie, das Recht auf Mitbestimmung und auf freie Meinungsäußerung sind.

Matthias Blazek

Die Hinrichtungsstätte des Amtes Meinersen

ISBN 978-3-89821-957-0

152 S. mit farb. Abb., Paperback, € 19,90

Erhältlich in jeder Buchhandlung oder direkt bei

ibidem

Wir sprechen gerne von den dunklen Seiten der deutschen Geschichte, wenn wir von Gräueltaten reden, an denen Deutsche beteiligt gewesen sind. Ein dunkles Kapitel ist jedoch auch das Justizwesen selbst. Irrglauben, Diktatur und Sadismus führten die Angehörigen privilegierter Schichten in früheren Zeiten dazu, ihren Untertanen unsägliches Leid anzutun, sie zu foltern, sie hinzurichten.

Die "Gerichte", die wir in großer Zahl auf der kurhannoverschen Landesaufnahme des 18. Jahrhunderts ausmachen, sind fast durchweg jüngeren Datums. Inwieweit die in alten Karten eingezeichneten "Gerichte" auch zwingend Richtstätten waren, auf denen "arme Sünder" vom Leben zum Tod befördert wurden, ist nicht immer mit Bestimmtheit zu sagen, da die Quellenlage in Bezug auf die Kriminalgerichtsbarkeit in den Ämtern allgemein recht spärlich ist. In Bezug auf Ohof jedoch ist die Aktenlage eindeutig. Diese Hinrichtungsstätte stellt in den Lüneburgischen Landen einen Sonderfall dar. Hier, an der Grenze Meinersens zu Peine, herrschte eine rege Hinrichtungspraxis. Bis zum Jahre 1829 wurden dort vermutlich fast 70 Kriminelle ins Jenseits befördert.

Matthias Blazek

Von der Landdrostey zur Bezirksregierung

Die Geschichte der Bezirksregierung Hannover
im Spiegel der Verwaltungsreformen

ISBN 3-89821-357-9

102 S., Paperback, € 14,90

Erhältlich in jeder Buchhandlung
oder direkt bei

ibidem

Sie bestanden etwas über 180 Jahre: die niedersächsischen Bezirksregierungen. Zum 31. Dezember 2004 wurde das Ende der traditionellen Mittelbehörde besiegelt. Erstmals liegt nunmehr ein ausführliches Werk zur Geschichte der Bezirksregierung Hannover vor.

Matthias Blazek, geboren 1966 in Celle, Abitur 1987 an der Lutherschule Hannover, Studium an der Fachhochschule für Allgemeine Verwaltung in Hildesheim, verheiratet, drei Kinder, Publizist, Verfasser zahlreicher Dorf- und Verbandschroniken und Autor des „Sachsenspiegels" der Celleschen Zeitung, hat sich in mühevoller Archivarbeit einem Thema gewidmet, das nunmehr auf 100 Seiten abgedruckt ist und einen interessanten wie fundierten Einblick in die Geschichte der Behörde und der Landeshauptstadt selbst gewährt.

Alles in allem liegt hier ein Nachschlagewerk für Verwaltungsmitarbeiter und Heimatkundler vor.

Matthias Blazek

**Das Kurfürstentum Hannover
und die Jahre der Fremdherrschaft
1803-1813**

ISBN 978-3-89821-777-4

152 S., Paperback, € 14,90

Erhältlich in jeder Buchhandlung
oder direkt bei

ibidem

„*Schließlich kann man Matthias Blazeks Buch auch deshalb lesen, weil es – bei aller Genauigkeit – unterhaltsam ist.*"
Schaumburger Wochenblatt

Diese Arbeit nimmt sich der Epoche der französischen Fremdherrschaft, der „Franzosenzeit", der Jahre 1803 bis 1813 an. Es war die Zeit, in der der Kaiser der Franzosen Napoleon I. Niedersachsen in sein Kaiserreich einverleibte und für seinen jüngsten Bruder ein neues Königreich, das Königreich Westphalen, schuf. Das Kurfürstentum Hannover hatte sehr unter den Kontributionen zu leiden, die Franzosen nisteten sich scharenweise in den Häusern ein und ließen es sich gut gehen. Erst die Völkerschlacht bei Leipzig im Jahre 1813 setzte dem Treiben ein Ende.

Obwohl beispielsweise während des letzten Krieges wesentliche Akten aus der französischen Besatzungszeit 1803/04 in unseren Archiven verloren gegangen sind, können wir anhand des verbliebenen Materials doch noch mancherlei Einblicke in diese Zeit gewinnen und einige Schlaglichter auf die damaligen Verhältnisse in unserer Heimat werfen.

Matthias Blazek

Ein dunkles Kapitel der deutschen Geschichte:
Hexenprozesse, Galgenberge, Hinrichtungen, Kriminaljustiz im Fürstentum Lüneburg und im Königreich Hannover

ISBN 3-89821-587-3

324 S., Paperback, € 29,90

Erhältlich in jeder Buchhandlung oder direkt bei

ibidem

Realität, Heimatgeschichte und Spannung in einem: Matthias Blazek fesselt den Leser mit seinem neuen Werk "Hexenprozesse, Galgenberge, Hinrichtungen, Kriminaljustiz im Fürstentum Lüneburg und im Königreich Hannover". Auf 320 Seiten hat der Chronist und Heimatkundler aus Adelheidsdorf die Ergebnisse seiner umfangreichen Recherchen in den niedersächsischen Archiven zu Papier gebracht. Zahlreiche Einzelschicksale aus den Orten um Celle, Uelzen, Lüneburg, Burgdorf, Lüchow und Dannenberg hat er in dieser umfangreichen Sammlung zusammengetragen. Lücken in den Dorfchroniken werden geschlossen, wenn die Kriminalverbrechen angesprochen werden. Zu guter Letzt erfährt der Fall des Nickel List eine völlig neue Bewertung durch die Zuziehung weitgehend unberücksichtigter Quellen.

Ein Muss für den geschichtsbewussten Leser.

ibidem-Verlag
Melchiorstr. 15
D-70439 Stuttgart
info@ibidem-verlag.de

www.ibidem-verlag.de
www.ibidem.eu
www.edition-noema.de
www.autorenbetreuung.de